金剛般若波羅蜜經・真實義

附：摩訶般若波羅蜜多心經・第一義正解

山海慧法師　註解

山溶冰化明漫三千
海普六動浪光音綿
慧心佛土莊嚴無邊
自性圓明即見彌陀
在在觀音處處勢至
通達無我無量義諦
王化九品普度收圓
如法如義第一義住
來悟無生永證涅槃

序

此書是佛子見性成佛導航的燈塔、是至真之理、無價之寶、凡有見聞者、願悉發菩提心！

這部「金剛經」即是「大般若經、第五百七十七卷」。本經中、釋迦如來六次提及這部「金剛經」的真實義、必需待到如來涅槃兩千五百年後、才有大智慧的菩薩、能為眾生開顯演說、闡揚「如來第一義諦」的真宗旨。今列於後：

(一)正信希有分第六：如來滅後、後五百歲、有持戒修福者、於此章句、能生信心、以此為實。當知是人、不於一佛、二佛、三、四、五佛、而種善根、已於無量千萬佛所、種諸善根。

(二)離相寂滅分第十四：世尊！我今得聞如是經典、信解受持、不足為難。若當來世、後五百歲、其有眾生、得聞是經、信解受持、是人即為、第一希有！

(三) 離相寂滅分第十四：須菩提！當來之世、若有善男子、善女人、能於此經、受持讀誦、即為如來、以佛智慧、悉知是人、悉見是人、皆得成就「無量無邊功德」！

(四) 能淨業障分第十六：若復有人、於後末世、能受持讀誦此經、所得功德、於我所供養諸佛功德、百分不及一、百千萬億分、乃至算數譬喻、所不能及！

(五) 能淨業障分第十六：須菩提！若善男子、善女人、於後末世、有受持讀誦此經、所得功德、我若具說者、或有人聞、心即狂亂、狐疑不信。須菩提！當知是經、「義」不可思議、「果報」亦不可思議！

(六) 非說所說分第二十一：爾時、慧命須菩提白佛言：頗有眾生、於未來世、聞說是法、生信心不？佛言：須菩提、彼非眾生、非不眾生、何以故？須菩提、眾生眾生者、如來說非眾生、是名「眾生」。

世尊大慈大悲、知眾生機緣、是故於諸大乘經中預言、末法之世必當親自再臨人間、教諸正心深信佛語、慈謙柔軟的眾生「見性成佛」永出生死。世尊於諸大乘經中云：末世（末劫）當遣阿難入世宣說「見性成佛第一義諦」、遣彌勒普渡收圓。事實上、阿難即是彌勒、彌勒即是世尊。五大宗教（儒、道、釋、耶、回）諸經中皆預言「末世之時、教主必親自再臨人間」、救正心深信的信徒永生天國（極樂）。然而事實上、五大宗教之教主、實同一人（一神、一佛）而已。假若不是同一神一佛、而有五個神與佛、那麼天界與人間又有何差別？也會互搶信徒、明爭暗鬥、那豈不是大亂了嗎？

讀者！汝若有緣見此經文、當慈謙自心、信受奉行！若不信吾語、今後生生世世、如陷毒蛇猛獸群中（喻指今後世界瘟疫、缺水、缺糧、戰爭、核災難…如書後世尊留給人類最後的預言）、信不信由你、準不準由天上的父定矣！

山海慧　序

欲得不招無間罪、莫謗如來正法輪！

惟願悉發菩提心、同生世尊極樂國。

闡釋如來千古密語
光揚如來無上大義
開顯方等大乘法化
教諸人天安住涅槃

山海慧法師

目錄

金剛般若波羅蜜經・真實義

世尊：釋迦牟尼佛　述

姚秦：三藏法師鳩摩羅什　譯

台灣：山海慧法師　註解

山海慧法師　註解

金剛般若波羅蜜經

此經係大般若經第五百七十七卷、如來說此經、以四念處為宗、以空慧為體、專說一切法「無我、無人、無眾生、無壽者」、無相之理。世尊以此經啓發末世眾生、棄八萬四千小法、趣向大乘、成就「金剛清淨法身」到佛彼岸。故云：金剛般若波羅蜜經。

● 金剛：謂不生不滅清淨法身。此即「見性」證「無生忍」的「圓明本心」也。

● 般若：謂無上大智慧大正覺。

● 波羅蜜：謂到佛彼岸。

● 經：謂竪窮三際時、橫遍十方處、永遠不變不易的真理。

法會因由分第一

本段述記如來演說此經的因由、故云：法會因由分。如來於此經中、引用人類六根所見所能分別的「事、物」來譬喻人體的各種靈明覺知——佛性。讀者不可不知也。

如是我聞。一時、佛在舍衛國、祇樹給孤獨園、與大比丘眾、千二百五十人俱。

這一部金剛般若波羅蜜經、是我阿難、隨侍世尊釋迦牟尼佛於十七年當中、聽世尊釋迦牟尼佛親口所說、修行如來第一義住的基本法則。

這部經、是宇宙至尊主宰、彌陀如來世尊、以「法身」親臨於此娑婆世界、示現為釋迦牟尼佛住世說法、這一段時間、世尊釋迦牟尼佛住在給孤獨長者向舍衛國祇陀太子買下、建設講堂的果園中、與大阿羅漢及比丘、比丘尼、優婆塞（善男子）、優婆夷（善女子）等大眾。是時、聲聞眾（比丘、比丘尼）有一千兩百五十人、聚會於給孤獨園中、恭聽如來世尊演說佛法。

- 舍：喻心為性之舍。
- 衛：喻明自本心、衛護自性清淨法身。
- 國：遠喻國度、近喻身。
- 祇樹：祇陀太子留下的桔子樹。
- 給孤獨：富有長者之名。
- 千二百五十人：謂耶舍長者子之朋黨有五十人。優樓頻螺（木瓜林）迦葉師徒五百人。那提（河）迦葉師徒二百五十人。伽耶（城）迦葉師徒二百五十人。舍利弗師徒一百人。大目犍連師徒一百人。此千二百五十人、並先事外道、勤苦累劫而無所證、承佛化導、即得正果。為報佛恩、一一法會常隨不捨。故諸經首列大比丘眾、皆云「千二百五十人俱」也。

爾時世尊食時、著衣持鉢、入舍衛大城乞食、於其城中、次第乞已、還至本處、飯食訖、收衣鉢、洗足已、敷座而坐。

適逢世尊教諸聲聞眾（比丘、比丘尼）持八戒齋、日中一食托鉢之時的時間、已經近了（上午十時出外托鉢）。世尊及諸聲聞眾（比丘、比丘尼）、穿著袈裟幔衣、左手執鉢、右手執持錫杖。入舍衛大城托鉢乞食、每人僅限向七戶人家乞食、且限僅能受一個人的供養。如來世尊、及諸比丘、比丘尼等、於舍衛城中、次第托鉢化齋畢。一同回到祇樹給孤獨園中、自食今日托鉢時、受人供養的食物。吃完之後、世尊及諸聲聞弟子、收好了衣缽錫杖、洗淨兩腳之後、各自坐在先前聽佛說法的位置上。

• 法會因由分的敘述、是在暗示眾生、若要得聞「金剛般若波羅蜜」無上法藏、必須在適當時間供養如來。如來受供養已、必敷座而為「須求無上菩提」的大眾、宣演「金剛般若波羅蜜」無上法藏、令一切大眾得出生死。

• 如來本不受三界諸物之食、為利益眾生故而受人天供養；菩薩入世、眾生若不尊重、即使將「清淨法眼」全部宣說、又奈何？是故金剛經首、先說托缽、待受供養之後、再敷座而為眾說法。

• 化齋時立於距門口三步之處、以大力頓錫杖三次、若無人開門、則往別家乞之。此因有世尊弟子長相高大凶惡、拍門乞食、驚嚇孕婦流產。是故世尊令諸弟子、必須衣著整齊、如法乞食。

•世尊於取涅槃當日、教示諸聲聞比丘、不得貯存宿糧、金錢、珠寶。托缽只能化齋、且須持錫杖始可托缽、不得托缽乞錢、且須如法托化、以免破戒。日中一食、必甚饑餓、若有施主施捨、必能深深感激勵志而自覺覺他；若在寺中自設鼎灶、貯存糧食、手自作食、焉能感眾生之恩？若托缽乞錢、心已貪著、三毒不除、如何有戒定慧？何出生死？

善現啟請分第二

謂如來以神力分身示現一個善知識、應機向如來本尊請法也。

- 善現：世尊以神力善巧示現也。
- 啟請：再三向世尊請求示教正法也。

時、長老須菩提、在大眾中、即從座起、偏袒右肩、右膝著地、合掌恭敬、而白佛言：希有世尊、如來、善護念諸菩薩、善付囑諸菩薩。

這時候、有一位德高望重的修行者、名叫：須菩提、在大眾中、從座處起身、走到世尊釋迦牟尼佛座前。披上袈裟、偏裸右肩右臂、左足踏地在前、右膝跪地在後、雙手合掌、非常恭敬的向世尊釋迦牟尼佛請示、說：三界內外、唯一的宇宙至尊、世間難遇難逢的救主釋迦牟尼佛；在三界內外、無量無邊的宇宙中、無所從來亦無所去、身量無邊、智慧無量、神力無量、大慈大悲的宇宙至尊主宰、本師釋迦牟尼佛；在三界內外、無量無邊宇宙中、無不時時刻刻、保護與關懷一切「修習佛道」的眾生；無不時時刻刻、以善巧方便、種種譬喻、將大乘佛道、無上法藏、教化勸導於無量宇宙中、一切修習佛道的眾生。

● 長老：有福報、有智慧、能自利、利他的長者。

● 須菩提：此人乃如來分身示現、應機而向世尊請法、以利益無量眾生也。如來為眾生演說「金剛般若波羅蜜」、令眾生成就無上菩提；眾生若要成就此一大事因緣、就必須發無上菩提之心、修「無諍三昧、無相三昧、解空第一」、才能到佛彼岸、故名：須菩提。

● 須菩提三字乃如來呼叫末世中一切「須求無上菩提的人」的意思！如來講經、皆以譬喻而為宣說者居多、是故要讀佛經、非是文字上之事、而是另有所指、另有所喻也。

● 希有：非常難得、難遇、難有；希望永恆的有。

● 如來：在三界內外、無量無邊的宇宙中、無所從來亦無所去、身量無邊、智慧無量、神力無量、大慈大悲的宇宙至尊主宰、本師釋迦牟尼佛。（註：往後「如來」「世尊」皆以此解釋為準。本師釋迦牟尼佛乃是宇宙唯一永恆的至尊主宰真神所示現。）

世尊！善男子善女人、發阿耨多羅三藐三菩提心、云何應住？云何降伏其心？

今恭敬的向「宇宙至尊」請示大乘佛法！若有俗家善男子、

或俗家善女人、於自心中、志求「如來無上正智正等正覺、自覺、覺他、覺行、三覺圓滿、無上道心」、要用什麼方法修行禪定、才能成就阿耨多羅三藐三菩提？要以什麼方法、摧破一切世間的「見思、生死、無明」諸惑呢？

● 阿：無內無外廣大無邊。

● 耨多羅：如來第一義、見性的正法眼藏。

● 三藐：依如來見性正法眼藏、戒定慧等六波羅蜜善修滿足。

● 三菩提：成就「自覺菩提、覺他菩提、覺行菩提」無上正智正等正覺。

● 心：無上願力、無上道心。

● 應：修行。

● 住：禪定。

• 見思、生死、無明諸惑：詳見書後註解。

佛言：善哉善哉！須菩提！如汝所說、如來善護念諸菩薩、善付囑諸菩薩、汝今諦聽、當為汝說。

世尊釋迦牟尼佛讚歎說：你真正是「解空第一」的大善知識啊！須菩提！正如你所說的、我如來世尊、在三界內外、無量無邊的宇宙中、無不時時刻刻、保護關懷一切修習佛道的眾生。無不時時刻刻、以善巧方便、種種譬喻、將大乘佛道、無上法藏、教化勸導於無量宇宙中、一切「修習佛道」的眾生。你們現在要專心的聆聽、我如來世尊、現在為你們解說。

• 解空第一：依四念處四句偈、而悟「身空、心空、性空、法空」而入「真如實相三昧」也。

• 四念處四句偈：詳見書後註解。

善男子善女人、發阿耨多羅三藐三菩提心、應如是住、如是降伏其心。

若有俗家善男子、或俗家善女人、於我如來世尊取涅槃後、於自心中、志求「如來無上正智正等正覺、自覺、覺他、覺行、三覺圓滿、無上道心」、應依我如來世尊於此大般若經中所說的方法、修習禪定；應依我如來世尊於此大般若經中所說的方法、摧破一切世間「見思、生死、無明」諸惑、方可成就「如來無上正智正等正覺、究竟不生不滅的無上佛道。」

•「見思、生死、無明」諸惑：詳見書後註解。

唯然！世尊！願樂欲聞。

須菩提回答：是！是！我們一定依世尊的教導、我們非常希望能聽聞「佛道微妙無上的法門」。

大乘正宗分第三

如來於此段提示：無上乘見性佛道、乃從四念處令「身、心、性、法」皆空、佛性由無相而生、如是無相、則四十八願淨業所成「華藏微妙光明相」於自性中「無相不相」。亦能於華藏無量光明相中「不相無相」、所謂「不思善、不思惡、具足照了」、成就「不空成所作智、不即妙觀察智、清淨平等性智、不離大圓鏡智」、離一切外道、離一切相、即是無上大乘「見性成佛」之正確宗旨、故名：大乘正宗分。

● 四念處：詳見書後註解。

佛告須菩提：諸菩薩摩訶薩、應如是降伏其心。

如來世尊釋迦牟尼佛對須菩提尊者說：一切修行菩薩道的

大菩薩（指曾於諸佛所、修植福慧、而能發無上道心、修行如來第一義住、以凡夫之體「修行成佛」的大善人）、應依我如來世尊的「四十八願」無量妙義、「四十八願」中的無量智慧、摧破一切世間「見思、生死、無明」諸惑。

• 佛告須菩提：實際上、世尊是對末法世一切須求無上菩提的佛子說。

• 如：依循。

• 是：金剛般若波羅蜜經——即是如來最後垂範首楞嚴第一義諦・觀無量壽佛四十八願無量義禪經、那一部見性成佛之經典。

• 見思、生死、無明諸惑：詳見書後註解。

所有一切眾生之類、若卵生、若胎生、若濕生、若化生。若有色、若無色、若有想、若無想、若非有想、非無想、我皆令入無餘涅槃而滅度之。

三界中、六道「二十五有」一切無量萬類有情、不論是在「欲界天」中、或閻浮提（地球）中、一切由產卵之後孵化、而有生命的。一切由胞胎生長、而有生命的。一切由水濕之處生長、而有生命的。一切由微小生物繁殖、而有生命的（例如：蜜蜂、昆蟲、蚊子…）。或在「色界天」的一切眾生。或在「無色界天」的一切眾生。或在「色界天」中的「有想天」。或在「色界天」中的「無想天」。或在「無色界天」中的「空處天」、「識處天」、「無所有處天」、「非想非非想處天」。我如來世尊、分身無量無數、在三界「無量諸界」中、教導眾生、修習如來第一義住、使無量眾生、證入「究竟不生不滅」成就「無上佛果」得大解脫。

● 所有一切眾生之類：三界中、六道「二十五有」一切無量萬類有情。

二十五有：

(一) 四大部洲為四有。以北極星為中央而分、勝東洲、牛賀西洲、南閻浮提（勝金洲）、勝處北洲。

(二) 四惡趣為四有：阿修羅、畜生、餓鬼、地獄。

(三) 欲界六天為六有：四天王天（四大部洲之人天）。忉利天（帝釋天——三十三天）。夜摩天（焰摩天）。兜率天。化樂天（善化天、自在天）。他化自在天（大自在天——一切天魔所居）。

(四) 梵天為一有：色界初禪天的大梵天王。

(五) 四禪天為四有：色界有十八天、初禪三天、二禪三天（第三天為光音天）、三禪三天、四禪九天。

(六) 無想天為一有：即色界第四禪天的第四天。

(七) 五那含天為一有：即第四禪天之第五無煩天、第六無熱天、第七善見天、第八善現天、第九色究竟天。此五淨居天、皆掌法道官三果聖人阿那含所居、故通為一有。

(八) 四空處天為四有：即無色界之空處天、識處天、無所有處天、非想非非想處天。

● 若卵生、若胎生、若濕生、若化生：此處是如來以密語喻示「人類」即是「四生、六道、三界」之身。

四生：

(一) 胎生：謂人從母胎而生也。

(二)卵生：謂人之胞胎係由父精母卵結合之受精卵、分裂而成胞胎也。

(三)濕生：謂精子、卵子都必須在濕潤的狀態中、才能生存成長也。

(四)化生：謂精子、卵子本無形體、乃由人體造化細胞、自然化生而成。

三界：

(一)欲界天：謂從肚臍以下乃性慾之處、眾生貪「慾」、故曰：貪是欲界。

(二)色界天：謂由臍至眉之體、乃眼耳鼻舌身五識染五塵成五欲之處、五欲（色聲香味觸）若不遂心即起「瞋」、故曰：瞋是色界。

(三) 無色界天：謂腦功能也、從眉至百會頂、乃「癡迷妄想」之處、純想無物、故曰：癡是無色界。宇宙本是無限廣大的空間、哪有三界的分別？世尊說「三界之相」、實是喻眾生色身具有貪瞋癡的惑業；然貪瞋癡即是佛性入凡的顯現、若能轉貪瞋癡為戒定慧、見自本性、明自本心、即是「佛」！

● 有色：色者、形也、質也。有色在人體係指皮、毛、血、肉、筋骨、肢體、精液、細胞、臟器、精子、卵子、血球……等、眾生軀體中的一切物質也、其中皆是佛性在作用也。

● 無色：謂在人體無形無質而有佛性之作用者；此指「心與識」之貪瞋癡。癡者：妄想、分別、執著、妄為也。

● 有想：謂在人體有想而有佛性之作用者。即人之七情「喜怒憂思悲恐驚」與「隨意肌」的運動、及部份的「內分泌」、隨著七情而有所改變、隨著七情而運作施為也。

● 無想：謂在人體無想而有佛性之作用者、即眼耳鼻舌身意六根、對色聲香味觸法六種客塵、人雖無所思惟、其作用亦自然有也。

● 非有想：謂在人體非有想（不需要有想）而有佛性之作用者。體內的新陳代謝作用、神經傳導作用、不隨意肌的運動作用、心臟與消化系的作用、血液的循環作用、肺的呼吸作用、與及部份的內分泌作用。

● 非無想：謂在人體非無想（不是沒有想）而有佛性之作用者。性慾的衝動、瞋恨的衝動、貪求的衝動、八風（利衰毀譽、稱譏苦樂）的感受是也。

● 無餘涅槃：謂證真無漏解脫也、亦即「證無生忍」不生不滅、無上覺道也。

- 滅：滅盡無明、身心寂靜。
- 度：永證涅槃、永斷生死、到佛彼岸。
- 滅度：前述一切諸有眾生、皆因妄惑而生、若能明自本心、見自本性、見性功深、入無生忍、妄惑不生、正念不滅、則出生死、故曰「滅度」。

如是滅度無量無數無邊眾生、實無眾生得滅度者。

我如來世尊、以四十八願第一義住無上「佛道」、度脫無量世界中、無量無數、無邊眾生。然而眾生必須依如來正法見性、滅度自性中無量無邊無數妄想顛倒煩惱眾生、才能證無生忍、永斷生死。

實際上、並沒有眾生是由我如來世尊用我的「神通神力」、把他超渡往生極樂世界成佛的。都是眾生依佛所教「見性第一義諦」於見性中、自心自度、自性自度、而得滅度的；非是佛來度、亦不是法師度的。世尊或法師只能教你自度、無法度你啊！若要成佛出生死、惟只見性一法門、全憑自心起四智、慧日法光朗乾坤、循願觀照法界性、三身五眼總一人、六波羅蜜惟心造、七佛如來性中存、念念真如八正道、六通三明出凡塵、十力具足四無畏、一行一相雙三昧、見性成佛禮世尊。

● 眾生：謂自己的「邪迷心、誑妄心、偽善心、嫉妒心、惡毒心、憤高心、輕慢心、分別心、貪愛心、執著心、好勝心、好奇心⋯⋯一切虛妄思想心」等、盡是眾生。

何以故？須菩提！若菩薩有我相、人相、眾生相、壽者相、即非菩薩。

這是什麼道理呢？須求無上菩提的佛子們！如果修行「佛道」的行者、有憤高我慢之「我執我見」；或有分別為「他」、於眼耳鼻舌身、常著於男相女相、而迷於色聲香味觸之「人相」；或著於、「計有」、「計無」、「計斷」、之「眾生相」；或著於「計常」之「壽者相」；雖名份上、被尊稱為「法師」、「善知識」、「上師」、而實際上、並非修行菩薩道的行者。以其不能恭敬信受如來第一義住見性無上佛道之無量妙義故、雖過無量無邊阿僧祇劫、亦不能超出三界六道、永於二十五有中、受身生死、輪轉不息。這種人因為不能離癡（妄想、分別、執著、妄為）故、亦不離「貪、瞋」；三毒業種常萌不能斷、何能出生死？！

• 菩薩又名：菩提薩埵。又名：自覺、覺他、覺有情。謂如來弟子、真善知識、清淨質直、戒定慧具足、以大慈悲如來真實智慧、為一切眾生作良福田、是名：菩薩。

• 我相、人相、眾生相、壽者相：詳見書後註解。

妙行無住分第四

此段提示：如來梵行、不能依止於「外道」的表面行為、而是必需在於「自性中密行如來四十八願（見性）」的無量梵行。於「見性梵行」中、「不即於」法界性、「亦不離」法界性、行於「中道」的「平等性智、大圓鏡智」、無為常為。故曰：妙行無住。

復次、須菩提！菩薩於法、應無所住行於布施。所謂不住色布施、不住聲香味觸法布施。

今再次的告誡、須求無上菩提的佛子們！修行於「佛道」的行者、於如來所說一切法、應不為「五陰十二入」所牽絆；應忘我無相、無為而為、深入禪定。

就是說、不應執著於扶乩、啓靈、通靈、跳乩、辦法會、辦活動、塑佛像、建寺廟、以貌取人、等一切「色相」上。不應追隨「名師」、求福報與知名度；不應執著於唸佛、唸咒、唱讚、誦經、講經、的「聲相」上；不應執著於以鮮花、香油、香水、栴檀、沈水、供佛的「香相」上；不應執著於以水果、食物供佛、或持齋茹素的「味相」上；不應執著於朝山、法會、拜懺、拜佛、跑香、遶佛、打七、參話頭、打手印、或剃度出家、或修諸苦行的「觸相」上；不應執著於我如來世尊說第一義住之前、所說的「八萬四千法」、執取不捨、執是者名：「法執」、若生驕慢是謂：「法相」；及我滅度後、不了義的一切「論」、一切「說」、的「非法相」上。

以上這些「有為」的修行、皆不是見性的如來第一義諦、都需捨離。所謂「捨離」是指「離其執著之心」、並不是指「前所述一切」都是不對的。但若自認為前述有相的修行、自己「已得無上佛道」之法、即墮「見思、生死、無明」諸惑、名「增上慢人」;天魔候得其便、入其心腹、而有神力、甚至具有五通、此為「魔著」、若不自忖量、自謂證果、此人必「生受王難、死入魔界」、男是魔民、女成魔女、皆自狂言:「自證無上道果」、此類眾生、一失人身、萬劫不復、永在魔中、為魔奴隸、實是可憐愍者。

- 法:謂八萬四千法與四十八願見性之法。
- 布施:從自性中依佛願力起四智菩提、具三身、通五眼、達六波羅蜜、成如來一切種智、名為:布施波羅蜜。
- 五陰:謂色、受、想、行、識。

• 十二入：肉眼入色、凡耳入聲、凡鼻入香、凡舌入味、色身入觸、凡意入法。入者、感應也。

• 見思、生死、無明諸惑：詳見書後註解。

• 增上慢：詳見書後註解。

須菩提！菩薩應如是布施、不住於相。何以故？若菩薩不住相布施、其福德不可思量。

須求無上菩提的佛子們！修行於「佛道」的行者、應依如來所教的方法、去除「五陰集相」、而修行於「五蘊實相」。去除六根、六塵的「見思惑」、令身心寂靜、一心正住於「如來四十八願大智慧海」無量妙義、無量妙義會歸於一「中道實相」、「真」「空」之「理」、即是「如來法身究竟所住之處」。菩薩應依此修行、而不迷著「見思、生死、無明」諸惑。不可執著於「色相、聲相、香相、味相、觸相、法相、非法相」自以為是、認為那就是已經修行於「如來第一義諦」、證得「如來第一之法」了。

為什麼這樣說呢？若修行於「佛道」的行者、能不著於「我相、人相、眾生相、壽者相、色相、聲相、香相、味相、觸相、法相、非法相」。能依如來第一義住修行、摧破一切「見思、生死、無明」諸惑者、其人必能以凡夫之軀、修成佛道佛果、永生於極樂世界、無量壽國、故曰：其福德不可思量。

● 五陰集相：謂「色受想行識」此業識之惑、能令眾生於「自他色身」起大貪大愛、沈迷於他人色身之「色、聲、香、味、觸」五欲之中、臨命終時受宿習之業所惑、再次的漏落生死、積習為常、輪迴不息、成就無量無邊大苦大難、故曰：五陰集相。

• 五蘊實相：謂以清淨質直真心、思惟諦觀如來四十八願所成極樂世界（法界性）、轉凡夫五陰之識成為如來無量無邊功德海的般若空慧。

• 不住於相：謂不著於外表形象與不著於十八界分之相。不住：謂不執著。

• 布施：謂於自性中循佛願力見性密行如來願力所成極樂世界大智慧海、而具足如來一切種智、自覺覺他、圓滿菩提、名為「布施波羅蜜」！

• 見思、生死、無明諸惑：詳見書後註解。

• 我相、人相、眾生相、壽者相：詳見書後註解。

• 十八界分：詳見書後註解。

須菩提！於意云何？東方虛空、可思量不？

世尊問須菩提尊者說：「你認為如何？東方的虛空法界、可以用思想來衡量它有多大嗎？」

不也！世尊！

須菩提回答說：「這是不可能的、世尊！」

須菩提！南西北方、四維上下虛空、可思量不？

世尊再問須菩提：「南方、西方、北方、東北方、東南方、西南方、西北方、上方、下方」的九方虛空法界、可以用思想來衡量它有多大嗎？

- 世尊以此十方虛空思惟、密示眾生「見性之道」不可執於十八界分；必需令十方圓融、空一切相。以此「初乾慧心」思惟如來四十八願淨業所成極樂世界、而具足了「成所作智」的「天眼」。「妙觀察智」的「法眼」。「平等性智」的「慧眼」。「大圓鏡智」的「佛眼」。是故、世尊於本卷第十八分宣說「五眼一體同觀」。

• 十八界分：詳見書後註解。

不也！世尊！

須菩提回答說：「這是不可能的、世尊！」

須菩提！菩薩無住相布施、福德亦復如是不可思量。須菩提！菩薩但應如所教「住」。

世尊對須菩提說：修行「佛道」的行者、能不為「我相、人相、眾生相、壽者相、色相、聲相、香相、味相、觸相、法相、非法相等、見思惑、生死惑、無明惑」所糾結。而能循如來藏、於自性中密行布施如來一切種智、盡除一切煩惱者、其人所得福德、亦如前所說、如十方虛空法界、無量無邊、無法以思惟去推測的。

須求無上菩提的佛子啊！修行「佛道」的行者、皆必需遵從如來於金剛經中所說、離一切相（妄想、迷惑、執著）、然後、依如來教菩薩法第一義住佛說觀無量壽佛四十八願無量義禪經、深入禪定。

● 無住相布施：謂於自性中思惟憶念佛的大智慧功德海（極樂世界無量功德海）、此即是「布施波羅蜜」。布施波羅蜜即是以自己清淨靈敏的潛意識、隨順如來願力所成就的極樂世界無量無邊功德海、起四智菩提之心而行布置施為、令極樂世界具足顯現於自性之中、不生不滅、不垢不淨、不增不減、久視不散而得開悟「無生真空實性」。故曰：無住相布施。

- 福德：福業功德。
- 住：依止而達永恒。
- 煩惱：五陰六識起貪愛他人色身之欲、是也。何以故？貪他人色身之妄念一起、即入生死輪迴之中、有身皆苦、誰得而安、一切苦惱纏身、如影隨形、不得解脫、故曰：煩惱。
- 「如來藏」即是如來於末法中勅令阿難入世著作的「如來最後垂範・首楞嚴第一義諦・觀無量壽佛四十八願無量義禪經」。那部經即是阿彌陀經中世尊所說：「說誠實言、汝等眾生、當信是稱讚、不可思議功德、一切諸佛所護念經」的「一切諸佛所護念經」、那才是真實不移不易金剛般若波羅蜜經。那才是如來在末世「顯實」的阿耨多羅三藐三菩提正法眼藏、能令一切正心深信修行的人、依法見性、一世成佛的「無上法藏」、是故世尊曰：「如來最後垂範．首楞嚴第一義諦」！

• 何謂「當信是稱讚」？謂應當深信末法世之時、世尊再臨人間所示的「最後垂範」、稱其功德、讚歎不可思議、勤奮修行也。「是」字之義、係指末世時、如來示教的最後垂範。

• 何謂「一切諸佛所護念經」？十方三世一切佛、皆循首楞嚴第一義諦、諦觀無量壽佛四十八願無量義禪經中的無量妙義、於禪定中證悟無生法忍、究竟無生忍而成妙覺果佛、永證大般涅槃、是故「斯經」恆為十方三世一切諸佛所護念。

• 何謂「護念」？謂時時刻刻分分秒秒守護「斯經」一切梵行、念念真如、念念不忘、日久功深、悟無生忍而成佛、是名「護念」。

●「斯經」：謂那一部經、即是指如來入末法世示凡夫身所著如來最後垂範．首楞嚴第一義諦．觀無量壽佛四十八願無量義禪經那一部「見性明心、直了成佛」的「如來藏」。

如理實見分第五

眾生深陷於「名、利、財、食、色」之「色、聲、香、味、觸」五欲虛妄之相、反謗如來第一義諦見性三昧實相為虛妄；世尊因而在此段中譬喻分別、孰為虛妄之相？孰為三昧實相！故而名為：如理實見分。

須菩提！於意云何？可以身相見如來不？

佛問須菩提說：你認為如何？可以用現在你所看見的釋迦牟尼佛的身體相貌、窺見我如來世尊的「法界身」真實面目嗎？佛滅度後、可以將寺院中的佛像、或剃度出家的人、當作是佛嗎？是僧寶嗎？

不也！世尊！

須菩提回答說：「這是不可能的、不可以的、世尊！」因為佛像不是佛；剃度出家穿袈裟的人、不一定是如來的承傳人「僧寶」、說不定他還是踐踏如來正法眼藏、毀佛戒律的一闡提呢！

• 一闡提：謂佛教門中、表面是佛的弟子、而其心與行為、皆違叛如來所教、壞佛清規、謗佛正法、誘佛弟子入魔窟的大壞人、古註曰：「信不具足」、那是柔軟語、今示真實相、凡是修行者、皆當明辨也！

不可以身相得見如來。何以故？如來所說身相、即非身相。

世尊對須菩提說：你們不可以認為、現在你們所看見的釋迦牟尼佛的身體相貌、就是我如來世尊的真實面目。這是什麼道理呢？

我如來世尊所說的「身相」、乃是恒古恒今、及與今後、無量無邊阿僧祇劫、永恒不變、不生不滅、無量無邊的「法界身」、循見性正法、於諦觀中所見、那才是我如來世尊的真實面目；並不是你們現在看到、現在我釋迦牟尼佛這種身體相貌；更不是寺院中的出家眾或佛像、那些都不是佛！

佛告須菩提：凡所有相、皆是虛妄、若見諸相非相、即見如來。

世尊釋迦牟尼佛對須菩提說：凡是在三界中、肉眼見到的一切身、一切相、一切物質之相、及八萬四千有為的修行、皆是無常、皆不能永恒存在、不能出生死、不能信是真實。

若能在「身心寂靜」中、修如來第一義住、四十八願無量妙義、無上甚深禪定、於如來授記佛說觀無量壽佛四十八願無量義禪經真實相真實義中、從「第一觀」到「第十六觀」全部、於諦觀中所見一切相、非是三界中一切虛妄之相。其乃是在三昧中、正受彌陀如來世尊四十八願大智慧海的「中道實相」、住是見性「真」「空」之「理」、乃是「如來法身究竟所住之處」。

如此修行者、必能以凡夫之身、一生一世修證成就阿耨多羅三藐三菩提、證得如來莊嚴法身果體、三十二相、八十妙好、十力、四無所畏、三明六通。以此最後身、證得不生不滅、永生於我宇宙至尊主宰的「無量壽國、極樂世界」裡、永遠永遠與我宇宙至尊主宰永恒同在。所以說：「若見諸相非相、即見如來。」

● 虛妄四種相：

(一) 身不空：謂貪「色、聲、香、味、觸、財、寶、食、睡、享受」與「妄為」等。

(二) 心不空：謂貪「名、聞、利、養、憤高、傲慢、計斷、計有、計無、計常、妄想、分別、嫉妒、執著」等。

(三)性不空：謂執著八萬四千法、得些許靈通感應、便生狂傲、自謂已得無上正果；於見性佛道、不能信受究了。

(四)法不空：謂執八萬四千法、皆是佛說、一一法皆可究竟成佛、以此執著留礙、不行見性第一義諦也。其人雖於八萬四千法中暫得五神通（眼通、耳通、他心通、宿命通、神足通）、暫時受用、一旦無常臨到、五通敵不過業力、難免再入輪迴、世尊於大乘金剛經論（又名大乘金剛心總持論）曰：一失人身、萬劫不復！

• 金剛經中「若見諸相非相、即見如來」、此經乃世尊大慈大悲為一切眾生開「見性第一義諦」大法之門、可惜千古以來、無人能知、無人能解、山海慧今為末法眾生、顯真實義、願有緣見此者、速發菩提心！

正信希有分第六

如來世尊、知眾生深著「名、利、財、食、色」五欲、竟日追求大寺院知名度高的人皈依灌頂、更有追求人天福報、到處求師求法、專事求福求利求名、著相修於外道。是故、如來於此段中、分明指示眾生、於末法世必須覓尋已在佛道見性成佛、哀愍眾生倒裝下凡、受如來遣在人間的大善知識、諮請無上佛道。如來以密語在此宣示、於入滅兩千五百年後、將遣阿難入世、宣說「第一義諦」。故曰：正信希有。

• 希有：謂難求難遇難有；希望真正有；希望永恒的有。

須菩提白佛言：世尊！頗有眾生、得聞如是言說章句、生實信不？

須菩提向世尊釋迦牟尼佛問說：世尊！末法世時、雖有無量眾生「見到」或「聽到」金剛經、但如來於末世遣阿難入世著作的「真實義」、每一章每一句的註解、會有人能知此經中的「每一章、每一句」中的真實義、而能深信不疑、隨喜修行否？

佛告須菩提：莫作是說！如來滅後、後五百歲、有持戒修福者、於此章句、能生信心、以此為實。當知是人、不於一佛二佛三四五佛而種善根、已於無量千萬佛所、種諸善根、聞是章句、乃至一念生淨信者。須菩提！如來悉知悉見、是諸眾生、得如是無量福德。

世尊釋迦牟尼佛對須菩提說：你不要有所餘慮、而有這種質疑的言說！我如來世尊、取大涅槃之後、過兩千五百年之後

「末法世」之時、自然會有、久已受持彌陀如來世尊四十八願佛道、修三福淨戒的人（此即佛說觀無量壽佛經中的前段所載三福、亦名為三淨業）、於此金剛經中、每一章、每一句、都能生大信心、以此金剛經、作為「如來佛道見性實相」的依據、廣為大眾演說。

須菩提！你應當知曉、能於「佛道」生起大信力、依據「如來佛道見性實相」修行、而教別人也一同修行「如來佛道見性實相」的那一個人、並不是只跟隨我如來世尊、於一處世界、或兩處世界、或三處世界、或四處世界、或五處世界、聞我說法、修學「佛道」。這個人、已於無量劫中、跟隨我如來世尊、於無量千萬世界、聞我說法、修習「四十八願見性佛道」。亦於無量千萬佛所成就無量無邊之行、是我如來世尊座前「多聞第一」的弟子、此人即是佛在摩訶般若波羅蜜經（大智度經）、金剛經、楞嚴經、彌勒三經、法華經、觀無量壽佛經、大般涅槃經、上述諸經中所說的那位菩薩摩訶薩。

當他見聞、此金剛經中、每一章、每一句的引導比喻、而能知此經是世尊在引喻「如來最後垂範」那一部究竟了義的無上正法眼藏。那位大善知識都能專精一念、一門深入、生清淨心、起大信力、深解如來語中真實義、而能深修於佛道無量妙義。

須求無上菩提的佛子們啊！我如來世尊、必以「正偏知」入於那位修行如來第一義住、彌陀淨土「無量義」禪定那行者的「清淨心」中、令一一皆得盡知、盡見、如來十方無量不可思議法界、令其盡得無量無邊不可思議如來福慧功德。

●「末法世」就是指一切眾生修行於「八萬四千法」、而不修行「如來第一義」的世紀。即是西元八百年起、一切眾生、自以為是、讀了幾本經書、就寫出不正確的註解、來向大家演說；亦有修行外道、得一些些小小靈通、便謂「已得無上正道正果」、謂自己是什麼古佛菩薩來度世、貪求名利供養、詐財騙色、毀謗正法、侵凌真善道德；無知信眾受其迷惑、一味追求虛花假果的時代。尤以西元一千五百年後為甚、這個時代、佛法幾乎滅亡、因而名為末法世。後五百歲即兩千五百年後也。

●持戒：禁過絕非、名為持戒、即是修行觀無量壽佛經中、世尊所說的「三福淨業」：

一者：孝養父母、奉事師長、慈心不殺、修十善業。

二者：受持三皈、具足眾戒、不犯威儀。不犯威儀、謂念念八正道、念念真如、一切言行、都不超越戒律法度。

三者：發菩提心、深信因果、讀誦大乘、勸進行者。

此三條十一項戒律、為生極樂世界必需堅持的戒、名為「第一義諦戒」。極樂世界即是基督所謂神的國度。道家的瑤池。

● 修福：修行法藏比丘、四十八願淨業所成極樂世界、無量無邊佛智慧、佛福德也。

● 多聞第一：謂已盡得無量無邊大總持門正法眼藏、已證無上菩提、超越佛陀座前十大弟子一切智慧神力的大善知識、此人即是世尊座前的阿難尊者。

● 一念：謂不二念、專一不二也、不退轉也。

何以故？是諸眾生、無復我相、人相、眾生相、壽者相、無法相、亦無非法相。

這是什麼緣故呢？因為這個人、以及隨他一同修行彌陀四十八願大智慧海無量妙義禪定的行者、得如來四十八願大智慧海一切大信力、大願力、大智慧力、大神通力、大涅槃力的護念加持、自能於「諦觀」「三昧」中、斷除憤高我慢、嫉妒、我執我見等「我相」之「無明惑」。及斷除、分別為「他」、於眼耳鼻舌身、男相、女相、色聲香味觸等、「人相」之「思惑」與「生死惑」。斷除「計斷」、「計有」、「計無」、等「眾生相」之「見惑」。斷除外道「計常」等「壽者相」之「見惑」。

亦無著於、我如來世尊說法華第一義住佛說觀無量壽佛經之前、四十七年所演說一切「依諦」、「八萬四千法門」之「法執」。心性質直、不起法執、不被法縛、於見性實相中、無染無著、真性空寂、名「無法相」。

亦無著於、我涅槃後、分宗別派非如來直系三十三代祖師所述說的一切綺飾文詞「諸論」、及與外道、及一切皆空的「斷滅」、等邪見。而能於見性的「諦觀三昧」中、淨除「見思、生死、無明」諸惑。諸惑盡滅、更無所斷故、得成阿耨多羅三藐三菩提。

- 我相、人相、眾生相、壽者相：詳見書後註解。
- 見惑、思惑、見思惑、生死惑、無明惑：詳見書後註解。

何以故？是諸眾生、若心取相、即為著我人眾生壽者。若取法相、即著我人眾生壽者。何以故？若取非法相、即著我人眾生壽者。是故、不應取法、不應取非法。

這是什麼緣故呢？末法世界中、二十五有一切、來生人間、得到「人身」的「人類」、名為眾生。若執著於如前所說：「色相、聲相、香相、味相、觸相」一切有為之法、信為真實、不自忖量、自謂「已乘佛本願」、已得「究竟之法」。就已執迷於「見思、生死、無明、諸惑」之中、非但不能得成正覺、且必墮在惡道中、受無量苦。

若執著於我如來世尊、說法華第一義住佛說觀無量壽佛四十八願無量義禪經之前、所說「八萬四千法門」執取不能捨者。就已執迷於「見思、生死、無明」諸惑之中、非但不能得成正覺、且必墮在惡道中、受無量苦。這是什麼緣故呢？因為「八萬四千法」、是我如來世尊以諸方便、引導二十五有等、層次不同、來生人界的眾生、於「佛道」生起信心的「權宜」方法；

尚不是能成就「佛道」的如來第一義住最上希有見性成佛的不二法門。

若執著於我涅槃後、非我如來直系三十三代祖師所述說的一切「諸論、外道、及一切皆空之「斷滅」、就已執迷於「見思、生死、無明」諸惑之中、非但不能得成正覺、且必墮惡道中、受無量苦。何以故？其未能悟見性明心實相、「見性」兩字、雖有言說、卻無實證。一切言行、與如來第一義完全相違、是故、必墮惡道中也。

因為上述這些緣故、修行者不應取執於我如來世尊說第一義住佛說觀無量壽佛經之前所說的「八萬四千法門」。亦不應取執於我滅度後、非佛直系三十三代祖師所述、而是各宗門派之一切不了義的「諸論」、外道「諸經」、及一切皆空之「斷滅」。

- 我相、人相、眾生相、壽者相：詳見書後註解。
- 見思惑、生死惑、無明惑：詳見書後註解。

以是義故、如來常說。汝等比丘、知我說法、如筏喻者、法尚應捨、何況非法。

以上所說、一切的真實義、我如來世尊已常在諸經中說明。你等比丘、比丘尼、皆應當知道我如來世尊、說第一義住佛說觀無量壽佛四十八願無量義禪經之前、所說的「八萬四千法門」僅是用來引渡眾生、用以譬喻佛道之「權宜」法門、並不是「能以凡夫之軀、在三界中修煉、即身證得阿耨多羅三藐三菩提」的真實佛道。我如來世尊演說第一義住佛說觀無量壽佛經之前、所說「依諦諸經」八萬四千法門、尚應盡捨、不可取執。更何況我取滅度後、各宗門派、綺飾文辭不了義一切「諸論」、外道

「諸經」、及一切皆空之斷滅禪、豈可不速遠離、不速避除呢？

● 如筏：比如用以渡河的筏。

● 喻者：為了教化眾生、我如來世尊不得已而以種種譬喻而行教化、一切諸經僅是譬喻、必需得遇「明師」指點、否則不能究竟也。

● 或有未斷「見惑」、未證謂證、未得謂得、四眾人等、一切「論」「說」、多雜邪見邪說、皆「非如來所述八萬四千依諦」、豈能不盡捨而遠避乎！像法年中、及末法時、諸多講經法師、「見惑」未斷、自稱「法師、上師」雖有演說大乘經典、多偏離中道實相第一義諦、不可依止。故曰：法尚應捨、何況非法！

● 世尊曾說：「末法之世、邪師說法如恆河沙」。當今末世、確是如此、邪魔外道蜂起、所說「經法」似是而非、引導信眾入魔知見；欲成不生不滅清淨法身者、於佛所說八萬四千權宜之法、尚應盡捨、何況是外道邪師所說「似是而非、引人入魔」的魔說呢！

● 何以「法」亦應捨呢？世尊以十二部經法演說大乘三藏十二部經、也就是說世尊所演說的每一部大乘經典中、世尊都在裡面用十二種技術而為演說、表面上看文字、都看得懂、然而卻無法意會如來世尊語中之真實深義！為什麼呢？因為世尊知人類的智慧、需兩千多年的潛移默化、漸漸開發、漸漸增長、見性無上法藏亦需在科學昌明的時代、才能開顯。佛法是來救劫的、佛法一旦開顯、也就是人類自我毀滅的時代來臨了！世尊當時只是「開權」、並無「顯實」、是故除了佛直系三十三代祖師之外、並無人能解「如來真實義」！

• 十二部經法：詳見書後註解。

• 十二部經：詳見書後註解。

• 山海慧偈曰：

昔日如來金口說、而今再臨又重宣、
汝諸佛子若有緣、當信佛語心正虔、
天父為救正信子、末世傳法只百年、
五大正教皆父設、先天一貫道亦然、
收圓時節今已至、父親接引返理天、
人天富貴無希望、及早回頭覓法身、
如來千言萬語喚、佛子見性心要堅。

無得無說分第七

眾生迷昧、謂八萬四千法、皆佛所說、謂一一法皆可成佛、不知如來三轉法輪、由淺而深、漸漸引導眾生、趣向見性成佛的無上大乘。如來深知眾生迷執小法、是故特在此段、告知一切眾生、如來住世時所說一切經法、皆是暫設、種種譬喻、你們看不懂、是故「不可取、不可說」。而今世尊親臨人間顯真實義、名為「如來最後垂範」；更不可誤以為如來昔日住世之時、已有說出見性成佛的正法眼藏。

• 世尊於楞嚴經中云：（卷第九）汝等當依如來滅後、於末法中、宣示斯義（第一義）、無令天魔得其方便、保持覆護、成無上道。

• 如來住世所說諸法、是佛涅槃後暫時依循的「依諦」、而非末法宣示見性成佛的「主諦」。故曰：無得無說。

須菩提！於意云何？如來得阿耨多羅三藐三菩提耶？如來有所說法耶？

世尊問須菩提說：你認為如何？我如來世尊（釋迦牟尼）真實是在此娑婆世界的菩提樹下、證得如來無上正智正等正覺無上佛道嗎？我釋迦如來住世說法至今四十七年、演說「八萬四千法門」、而於其中、我有說出、我如來世尊證得無上正智正等正覺無上佛道的「修行法門」了嗎？

須菩提言：如我解佛所說義、無有定法、名阿耨多羅三藐三菩提、亦無有定法、如來可說。

須菩提回答說：現在我已真正了解、世尊您所說的「真實相」、及「真實義」了。世尊您還沒有說出「確定可以稱其名為：如來無上正智正等正覺」的無上佛道；世尊您並沒有說出、確定可成就「如來無上正智正等正覺」的無上佛道。因為如來見性成佛的佛道、其中妙義深廣無量、眾等慧根、尚未深植故、尚不可為說。

何以故？如來所說法、皆不可取。不可說、非法、非非法。

這是什麼緣因呢？我須菩提、確實了解、如來世尊所說「八萬四千法門」僅是用來引渡眾生、僅是用以「譬喻佛道」的「權宜」方法。那些並不是真實的佛道、皆不可認為那樣修行就能成佛出生了死、因此你們不可取以為實啊！

你們更不可向一切眾生演說、不是世尊所說的經律（即佛涅槃後非佛直系三十三代祖師所述說的一切不了義『論』『說』、斷滅禪、及外道經典）、也不可向一切眾生演說、世尊說「法華第一義」之前、所演說的「八萬四千種」權宜修行的法門。皆不可取以修行、更不可拿來向人演說、以免自誤誤人！

所以者何？一切賢聖、皆以無為法、而有差別。

世尊說：為什麼一定要這樣做呢？怎麼說呢？因為十方三世一切諸佛、都是以「惟心、惟識」的如來第一義住、第一義空之「無為」法門、得阿耨多羅三藐三菩提。並不是以「八萬四千法」這些「權宜有為的修行法門」得成「佛道」「佛果」的啊！

修行如來第一義住第一義空的「無為法」；與修行「八萬

四千法門」的「有為法」、「得道」「得果」、確實有非常大的差別。

● 而「有」差別：謂有為法不能成就大般涅槃金剛不壞清淨法身、僅能再入世為人、尋覓真道、訪真善知識、再次修行、須經歷多劫、才有因緣得遇「正法明師」、才能出離生死；一世成佛與歷經多劫成佛、差別有如天淵矣！

依法出生分第八

世尊於此段、告諸眾生、切莫執己所知見、偏好修行於八萬四千方便小法；必需遵依、如來於末法世時、敕令阿難入世、再為宣示的最後垂範、依法在自性中修行、諦觀如來法界性、以見性故、悟無生法忍、方得出離生死。故曰：依法出生。

須菩提！於意云何？若人滿三千大千世界七寶、以用布施、是人所得福德、寧為多不？

世尊問須菩提：「你認為如何？如果有人、以裝滿三千大千世界的黃金、白銀、琉璃、琥珀、珊瑚、瑪瑙、翡翠、拿來分送給貧窮的人。這個人、來世所得的福報、你認為多不多呢？」

須菩提言：甚多！世尊！何以故？

須菩提回答說：「很多啊！世尊！」

須菩提反問世尊：「世尊您為什麼緣因、這樣問我呢？」

是福德、即非福德性、是故如來說福德多。若復有人、於此經中受持、乃至四句偈等、為他人說、其福勝彼。

世尊回答：以滿三千大千世界的七寶、施捨救濟貧窮的人、所得到的是來世福報、是在「三界中輪迴生死享福」的福報。並不是能成就「如來法身、究竟不生不滅」的福慧功德！因為有這樣大的差別、所以我如來世尊、為了「解說」上的方便、說這個布施財寶的人、能得到很多福報。

假設有人、於此大般若經第五百七十七卷的大乘金剛經中、信受修持、並能了解、經中：「若以色見我、以音聲求我、是人行邪道、不能見如來」及「一切有為法、如夢幻泡影、如露亦如電、應作如是觀」此八句偈語、而能了達「四念處」：觀身不淨、悟空身。觀受是苦、悟空心。觀心無常、悟空性。觀法無我、悟空法。這「四句偈」之真實義、為他人分別解說、此人所得福德、實勝前者所說之人、以滿三千大千世界的珍寶、救濟貧窮而得到的福報、多更多而無法去評量。因為他所得到的、不只是來世福報、更是永超生死的福德性。

- 福德：謂以「身施、財施、物施」等、所作一切、乃來世福報、不能解脫；福報享盡、即入輪迴、故曰：福德。

- 功德：謂依如來最後垂範「見性正法眼藏」修行、自性自度、證果等覺、曰：「功」。自覺之後、以法施、無畏施、廣澤幽顯一切有情「覺他、覺行」圓滿、是謂：功德。自性自度成佛、曰「功」；以佛慧平等利他、曰「德」。

•福德性：謂依法藏比丘本願見性、常悟四十八願中極樂世界裡、如來「常、樂、我、淨」無量無邊福慧功德、日久功深、專一不退、而證悟「無生法忍」、究竟「無生忍」、永超生死大苦、名為：福德性。

•四念處、四句偈：詳見書後註解。

何以故？須菩提！一切諸佛、及諸佛阿耨多羅三藐三菩提法、皆從此經出。

這是什麼緣故呢？須求無上菩提的佛子們！之前我如來佛以神力示現為一切十方法界諸佛、及「今後十方三世諸佛」得證「如來無上正智正等正覺」的佛道佛果、皆是由凡夫身依此大乘金剛經中的「佛語」、遠離「色相、聲相、香相、味相、觸相、法相、非法相」。斷於：驕傲、我慢、我執、我見、貪、瞋、嫉妒等「我相」。斷於：分別為他、於眼耳鼻舌身、迷於男相女相、之色聲香味觸等「人相」。斷於：計有、計無、計斷、等「眾生相」。斷於：計常、等「壽者相」。如是斷三界中、「我相」之無明惑。「人相」之思惑、生死惑。「眾生相、壽者相」之見惑。

若能深修於如來四十八願無量義禪經、深入如來第一義住無量義三昧、證得如來無上正智正等正覺。得如來十力、四無所畏、三明六通、如來一切種智。成就不生不滅「莊嚴法身果體」、三十二相、八十妙好具足。究竟涅槃等「真實佛果」。由於此「因」、而能成就「佛果」、故我如來世尊說言：一切諸佛、及諸佛阿耨多羅三藐三菩提法、皆從此經出。

● 見惑、思惑、生死惑、無明惑：詳見書後註解。

須菩提！所謂佛法者、即非佛法、是名佛法。

須求無上菩提的佛子們！我如來世尊於此大乘金剛經中所說的「佛法」；並不是我如來於末法中宣示最後垂範如來第一義住見性第一義空的「真實佛法」；而是以方便、稱名為「佛法」而已。

- 如來住世時、於「佛法」僅有開權而無顯實、故曰：所謂佛法者、即非佛法。
- 「是」名佛法：謂如來於末法中遣阿難入世所宣示的「最後垂範」才是「見性明心、直了成佛」真實的佛法。

一相無相分第九

法華三經之無量義經中世尊曰：無量義者、從一法生、其一法者、即無相也、如是無相、無相不相、不相無相、是名實相。山海慧今語汝等：「世尊說：要入如來大智慧海無量妙義者、惟從一個法門深入才能生出此大智慧、而那個法門即是第一義空的無相三昧也、能悟身、心、性、法皆空的無相三昧、則如來四十八願淨業所成的極樂世界無量萬象無不具足顯現圓滿、在具足圓滿顯現極樂世界無量萬象之中亦能不著於相、入于空身、空心、空性、空法的大自在大圓滿大光明永恒的般若空慧那就名實相」。

• 如來世尊、深知末世的出家人、比丘、比丘尼、及一切神職人員、大多會自高自大、深著五欲而不自省、因欲而生惑、因惑而著相、是以難發志求無上菩提之心、不能慈心柔軟向真善知識求學「見性」佛道。是故、如來於此段中、以「無諍、無相」之相、破出家人及神職人員自高傲慢之惑、故曰：一相無相。

須菩提！於意云何？須陀洹能作是念、我得須陀洹果不？

世尊問須菩提：你認為如何？已證初階聲聞因的「須陀洹」人、能自驕慢而自己認為我已「實得須陀洹果」嗎？

• 初階聲聞、須陀洹人：謂初出家、頭上有一橫排、三個戒疤的比丘、比丘尼、此人修「苦諦」故、如來為其授「苦諦」之「戒定慧」戒記。

須菩提言：不也！世尊！

須菩提回答說：「不可以呀！世尊！」

何以故？須陀洹名為入流、而無所入、不入色聲香味觸法、是名須陀洹。

世尊說：這是什麼緣故呢？因為、初證第一階的聲聞人「須陀洹人」、乃是斷三界見惑盡、預入「聖道法流」故、又名為「入流」。然斷三界見惑盡、又能不入他人色身之色聲香味觸法諸相、不著於「我相」「人相」「眾生相」「壽者相」、證初地「生如來家」。與聲聞人之初果、大有區別、故云：須陀洹果。

● 三界見惑：意根對法塵（六塵、名法塵）非理籌度、起諸邪見、貪求外道的修持。對如來第一義諦起大疑懼、計斷、計有、計無；而於三界六道、生「計常」邪見、不求出離三界、以邪妄而違真如。故曰：三界見惑。

● 於意識起諸分別、名：見惑。

• 聲聞人：以佛道聲、令一切聞的人、即比丘、比丘尼、及其他宗教的神職人員也。

• 我相、人相、眾生相、壽者相：詳見書後註解。

須菩提！於意云何？斯陀含能作是念、我得斯陀含果不？

世尊問須菩提：你認為如何？已證第二階聲聞因的「斯陀含人」、能自驕慢而自己認為：我已「實得斯陀含果」嗎？

• 二階聲聞、斯陀含人：謂已出家三年、修完苦諦、再進修集諦的比丘、比丘尼、其頂上有兩排共六個戒記的人。如來再為授集諦、戒定慧的戒記、使僧團及俗家弟子辨識其身份也。

須菩提言：不也！世尊！

須菩提回答說：「不可以呀！世尊！」

何以故？斯陀含名一往來、而實無往來、是名斯陀含。

世尊說：這是什麼緣故呢？因為、初證第二階的聲聞人「斯陀含人」乃是於「欲界九品思惑」中、斷前六品盡、後三品猶在、須更來「欲界」一番受生、故名：「一往來」。

然、斷於欲界「眼耳鼻舌身意六根」對「色聲香味觸法六塵之相」。又能不起「男相、女相」之分別、而於其中「不染著(癡)、不嫉妒(瞋)、更不貪心動念(貪)」、不著於「我相、人相、眾生相、壽者相」、於「第八辟支佛地」中、蒙佛授不動地菩薩記而得作佛、證不生不滅、不再受三界中諸有之身、而「實無往來」；與聲聞人之二果、大有區別、故云斯陀含果。

• 欲界九品思惑：眼起色相之惑、耳起聲相之惑、鼻起香相之惑、舌起味相之惑、身起觸相之惑、意起法相與非法相之惑、貪欲、嫉妒、愚癡、等九種。名為「欲界九品思惑」！

• 思惑：思、即是思惟、又是貪染也。眼耳鼻舌身五根、貪愛於色聲香味觸五塵、而起「想念貪著他人色身」、是名：思惑。

• 欲界九品思惑：眼起色惑、耳起聲惑、鼻起香惑、舌起味惑、身起觸惑、意起法惑（色、受、想、行、分別）、及貪惑、瞋惑、癡惑也。

須菩提！於意云何？阿那含能作是念、我得阿那含果不？

世尊問須菩提：你認為如何？已證第三階聲聞因的「阿那含人」、能自驕慢、而自己認為：我已「實得阿那含果」嗎？

• 三階聲聞、阿那含人：謂出家已滿六年、修完了「苦集」二諦、今又進修「滅諦」、是故如來在其人頭上加了一排三個「滅諦」的戒定慧戒記、其人頭上、共有三排各三個戒疤、即全部九個戒疤、作為分別辨識之用也。

須菩提言：不也！世尊！

須菩提回答說：「不可以呀！世尊！」

何以故？阿那含名為不來、而實無不來、是故名阿那含。

世尊說：這是什麼緣故呢？因為、初證第三階的聲聞人「阿那含人」乃斷「欲界」思惑盡（五根對五塵不再起貪著）、更不來「欲界」受生、是故名曰：「不來」。

然、於斷「欲界」思惑盡、更斷「三界見思惑」盡、不著十八界分及「我相、人相、眾生相、壽者相」、如是菩薩、於「第十佛地」中、而受如來授職於色界天、無色界天中為「掌法道官」、而「實無不來」。與聲聞人之三果、大有區別、故名：阿那含果。

• 三界見思惑：即意根對法塵（色聲香味觸法等塵）起諸邪見、起諸貪著愛染、起貪瞋癡。於自他佛性「計斷、計有、計無」；於三界六道起「計常」邪見、以虛妄而違真如、致淪墮六道、不能出離。名為：三界見思惑。

• 見性之中無「見思、生死、無明」之惑。是以、見性是為斷惑證真之不二法門。

須菩提！於意云何？阿羅漢能作是念、我得阿羅漢道不？

世尊問須菩提：你認為如何？已知「四諦」、已證第四階聲聞因的「阿羅漢人」、能自驕慢、而自己認為：我已「實得阿羅漢果」嗎？

• 四階聲聞、阿羅漢人：謂出家滿九年、修足了「苦、集、滅」

三諦、今再進修「道諦」、是故如來在其人頭上、再加了修道諦的「戒定慧」三個戒記。其人頭上共有四排各三個戒疤、共計十二個戒疤。

● 這些戒記、名曰「圓頂」、是如來以此記號、使四眾得以辨識「行者身分與道德尊卑」、是非常重要的戒記。但當今出家之人、已不遵守如來授戒記之規矩、第一天落髮之時、便在頭頂上燒了九個至十二個戒疤、使四眾不知行者身份與道德尊卑、亂佛法紀、實是「無有是處」！

● 圓頂之事、是世尊於演說法華之後、才為尚留在座前之弟子設此戒記、法華之前並無此事、是故今之佛教徒、有些只修「中乘、小乘」法門之人、並不知如來為弟子圓頂設記之事、而謂圓頂的戒疤是佛法傳入中國之後、中國人自己創設的、這種言論確有待改進！修中小乘法門之人、並不承認如來有說大乘法華、謂法華經是後人偽造、如此言說者、皆是謗佛正法的一闡提！流傳這種謗佛正法言論者、即是世尊說法華之時、離席而去的五千人所留下的遺毒！凡是佛之弟子、皆不可作此謗佛正法之語。

須菩提言：不也！世尊！

須菩提回答說：「不可以呀！世尊！」

何以故？實無有法、名阿羅漢。

世尊說：這是什麼緣故呢？因為、初證第四階的聲聞人「阿羅漢」、此人斷色界、無色界「思惑」盡、「我生已盡、梵行已立、所作已辦、不受後有。」前述「四智」已圓、其智已出三界、已證「涅槃邊緣」。雖知「四諦」、而「無法」可學、故不能證「究竟涅槃」、而成「無學果」、是故名為：「阿羅漢」；其與「等覺菩薩」之已盡斷「三界見思、生死、無明」、諸習氣俱盡、而得成妙覺果佛、所謂：「大阿羅漢」、實大有區別故。

● 「果佛」是名：大阿羅漢。

世尊：若阿羅漢作是念、我得阿羅漢道、即為著我人眾生壽者。

世尊又說：若第四階聲聞人、犯增上慢、未得「見性無上佛道」、自謂已得。未證「明心無上佛果」、自謂已證。未乘「如來四十八願」、自謂乘佛本願、自謂已得究竟、必能往生極樂世界、生西作佛。此皆是增上慢人、深著於「我、人、眾生、壽者」一切邪見、於「見思、生死、無明」諸惑、迷而不覺。不知極樂世界中「常住不變」的真實義、妄想要在極樂世界中修行「成佛」。極樂世界中、一切「永恒不變」、一切「常住不變」。在三界中、修什麼「道因」、到極樂世界時、就成就什麼「道果」、在極樂世界中、永遠不會再改變、所以稱為：「常住不變、永恒不變」。要有所改變、就要再入三界中修行。我如來世尊在法華第一義諦佛說觀無量壽佛經第「十四、十五、十六」三輩九品觀之中、已詳加說明。

● 我相、人相、眾生相、壽者相：詳見書後註解。

● 見思、生死、無明諸惑：詳見書後註解。

● 可歎時下諸多聲聞比丘、在家居士、皆不深入經藏、求解實義、唯從一切綺飾文辭的「論」「說」、依樣畫葫蘆、向皈依的信眾宣揚、稱說：「只要能到極樂世界、就可以在極樂世界中享福、同時修成佛果」。這樣說法的法師、分為「善知識」與「非善知識」、而有極大的差異：

(一)若法師、明知極樂世界中、「常住不變」的真理實義、因見時下眾生、好逸惡勞、未有大精進心、而先以「稱名唸佛」誘導、而說：「只要能到極樂世界、就能在其中享福、同時修行成佛」。

待到見諸信眾、善根深植、已不退轉、再勸導諸眾、修見性明心 如來第一義住、於如來授記如來最後垂範・首楞嚴第一義諦・佛說觀無量壽佛四十八願無量義禪經中諦觀彌陀如來世尊 四十八願一切功德、無量妙義、會歸於一「中道實相、『真』『空』之『理』、乃如來法身 究竟所住之處」勸勉精進、證得如來莊嚴法身果體、及如來一切種智。如此法師、乃真善知識、是如來化身。

所謂「化身」並不是指那個法師就是「如來」、而是說：那個法師的心、智、像「如來」一樣、「行為」也像「如來」一樣、能轉戒定慧法輪、所以稱為「如來化身」。

(二) 若有法師、「知」或「不知」、極樂世界「常住不變」的真理實義、一味教人「稱名唸佛」、謂稱一佛名、備賅六度萬德、可「帶業往生」極樂世界、在極樂世界中、修成佛道佛果。

又說：「稱名唸佛」為大乘佛道中第一方便法門、最為殊勝。或有法師、執著於「八萬四千法、法法都可成佛」、教諸眾生、修諸「八萬四千法」、以我執邪見、告諸信眾曰：「八萬四千法、每一法都可成佛、誰說一定要修什麼見性明心『第一義住』、現在也沒有人知道什麼是見性明心『第一義諦』……」。

又因恐怕信眾流失、失去供養、見有人勸說修行如來第一義諦、便千方百計、阻人修行、謂佛陀沒說第一義諦、是人揑造的、謂如來最後垂範・首楞嚴第一義諦是魔語、謂修觀無量壽佛經中的觀想、每一件事物、都要想得那麼大、人的心量、萬難達成、容易入魔……。

這種法師、犯五逆罪、又譭謗正法、即是犯「破和合僧、破羯摩僧」重罪的一闡提。分裂佛法、分宗別派、各立山頭、名「破和合僧」；阻人修行如來見性成佛第一義住之具足戒、名「破羯摩僧」。

這種法師、「實不知」如來四十八願、怎能往生極樂世界？他不知四十八願條文中有：「唯除五逆與譭謗正法者」之句、更不知「阻人修第一義」就是五逆之罪、亦不知「謗如來第一義」就是真實的譭謗正法、嗚呼！我如來世尊於妙法蓮華經中譬喻品曰：

如斯罪人、永不見佛、眾聖之王、說法教化。
如斯罪人、常生難處、狂聾心亂、永不聞法、
於無數劫、如恒河沙、生輒聾啞、諸根不具。
常處地獄、如遊園觀。在餘惡道、如己宅舍。
駝騾豬狗、是其行處、謗斯經故、獲罪如是。
若得為人、聾盲瘖啞、貧窮諸衰、以自莊嚴。
水腫乾痟、疥癩癰疽、如是等病、以為衣服。
身常臭處、垢穢不淨、深著我見、增益瞋恚、
淫欲熾盛、不擇禽獸、謗斯經故、獲罪如是。
告舍利弗、謗斯經者、若說其罪、窮劫不盡。

是故我如來世尊先於金剛經曰：若阿羅漢作是念、我得阿羅漢道、即為著我人眾生壽者。

● 斯經：謂如來佛世尊於末法世時、勅令阿難入世、如來以正徧知入山海慧清淨心中而為授記的「如來最後垂範、首楞嚴第一義諦、觀無量壽佛四十八願無量義禪經」。

● 觀無量壽佛經、下品上生觀、經文曰：善男子、以汝「稱佛名」故、諸罪消滅、我來迎汝。根據這段經文、即可知用口唸「南無阿彌陀佛」六字洪名、名為「稱佛名」；而不是「持無量壽佛名」。又觀無量壽佛經、圓滿流通分、佛告阿難：汝好持是語、持是語者、即是持無量壽佛名。據此經文、即知於自性中起四智菩提諦觀四十八願淨業所成極樂世界無量佛慧功德、才是佛陀說的「持無量壽佛名」！

● 好持：謂需好好的在自性中密行、時時憶念不忘也。

● 是語：謂佛所說觀無量壽佛經全部的內容也。謂如來佛世尊於末法世中、將再親臨授與之經典也。

● 根據觀無量壽佛經所載、即知當今淨土宗的一切弘法者、皆誤解如來真實義、將口唸六字洪名的「稱佛名」、硬拗曲解為那就是「憶念諦觀如來四十八願」見性的「持無量壽佛名」、真是自誤又誤人多矣！

世尊！佛說我得無諍三昧、人中最為第一、是第一離欲阿羅漢。世尊！我不作是念、我是離欲阿羅漢。

須菩提說：世尊！您曾讚歎我說、須菩提已證得「無生法忍」、為世人之中、解「空」第一、修「無諍行」及「寂靜行」、是第一離欲阿羅漢。

世尊！我從來都不自驕慢、自謂已證解空第一、是修無諍行及寂靜行的行者、不向他人炫耀說：「我已實得離欲阿羅漢果」。

●無諍三昧：謂離「色聲香味觸、名利財食色」一切欲、身心寂靜、入如來大智慧海、了悟「無生真空實性」。

世尊！我若作是念、我得阿羅漢道、世尊即不說須菩提是樂阿蘭那行者。

世尊！若須求無上菩提的行者自起驕慢、自謂已證解空第一、或向人炫耀說：「我已實得阿羅漢道果」。世尊就不會說那個須求無上菩提的行者是：真正修行「無諍行、寂靜行、第一空行」的行者了。

以須菩提實無所行、而名須菩提、是樂阿蘭那行。

因為須求無上菩提的行者、在外表上看起來、實際上並沒有「修行」的「形」「相」、僅是在「行住坐臥」二六時中、身心時時刻刻、不離於如來世尊隨機演說的「無生、無相、無願、無作、無為、無退、無諍、安處、寂靜、清涼、吉祥、一行、無二、解脫、彼岸、涅槃」而已、所以如來世尊您才會說：那個須求無上菩提的行者、確實是一個修「無諍行、寂靜行、第一空行」的行者。

● 第一空行：又名解空第一。謂以四念處（詳見書後註解）為基礎、循四十八願法界性在自性中見性密行「悟身空、悟心空、悟性空、悟法空」、而入如來大般涅槃三昧實相、證無生法忍。

莊嚴淨土分第十

如來佛世尊、知四眾於末世、深著於「外道」之「色聲香味觸法」、以諸「有為」小法修行、便生大果寄望、以少善根、便欲求生西作佛；更以「見思惑」妄興土木、廣造塔寺、以為這種行為、就是佛所說的「莊嚴淨土」。

如來為了此等迷昧眾生、而於此段、明確宣示「佛土清淨莊嚴」盡在「無相、無為、無所住」的「見性」中、循如來藏而成「莊嚴清淨的極樂佛土」、故曰：莊嚴淨土。

佛告須菩提：於意云何？如來昔在然燈佛所、於法有所得不？

世尊釋迦牟尼佛對須菩提說：「你認為如何？我釋迦如來世尊、真是如我自己所說、在然燈古佛處、向然燈古佛求學佛道？而得然燈古佛以有為法的神力幫助我、並為我授記、今世修成釋迦牟尼佛嗎？」

不也！世尊！

須菩提回答說：「不是這樣啊！世尊！」

如來在然燈佛所、於法實無所得。

我釋迦牟尼如來世尊、在然燈佛之處、並沒有向然燈佛求學佛道、也沒有得到然燈佛以有為法的神力幫助我、並為我授記、說我在這時候修成釋迦牟尼佛。

那些都是我如來世尊用來「譬喻」你們修行「佛道」的必經過程。我今得阿耨多羅三藐三菩提、實是以「惟心、惟識」的「無為法」證得的！

• 燃燈佛乃是世尊於他方世界教化眾生的「別名」。世尊講經、皆用譬喻而教化也。此事此理、載於世尊演說大乘妙法蓮華經‧如來壽量品、可為據。

須菩提！於意云何？菩薩莊嚴佛土不？

須菩提！你認為如何？真的是如我如來世尊所說的、法藏比丘是以七寶及無量眾寶來建設、成就一個莊嚴無量無邊的極樂世界嗎？

• 菩薩：此文是喻法藏比丘誓立四十八大願、因此這裡所說的菩薩、係指法藏比丘。

不也！世尊！

須菩提回答說：「不是這樣啊！世尊！」

何以故？莊嚴佛土者、即非莊嚴、是名莊嚴。

世尊說：這是什麼緣故呢？

莊嚴佛土者、所謂「法藏比丘、誓立四十八願、以七寶及無量眾寶、建設成就一個、無量莊嚴的極樂佛土」、那只是一個譬喻。極樂世界並不是於今十劫前、那一個法藏比丘誓立四十八大願所創造的；而是我宇宙至尊於無量阿僧祇劫前、以「惟心、惟識」所創造的。為了方便譬喻、才說是「十劫前法藏比丘誓立四十八願」所成就的。那只是用來「譬喻你們」必須修行四十八願、以「惟心、惟識」諦觀「四十八願大智慧海的七寶莊嚴佛土」、才能超脫如十大劫般的數字、那麼眾多的十惡惑業。

即非莊嚴、並不是叫你們以「七寶」來建設莊嚴的「佛道場」。

是名莊嚴、謂以「惟心、惟識」的「無為法」諦觀「四十八願大智慧海」的「七寶莊嚴佛土」、才是我如來世尊所說的：「莊嚴佛土」。

• 十劫：是譬喻人類的十惡業如十大劫那麼多的數目也。

是故須菩提、諸菩薩摩訶薩、應如是生清淨心、不應住色生心、不應住聲香味觸法生心、應無所住而生其心。

因為這些緣故、所以我如來世尊對須求無上菩提的佛子們說：一切修行「菩薩道」的大菩薩、應學習我如來世尊以「惟心」「惟識」修行四十八願、以「惟心」「惟識」諦觀思惟極樂世界、見如來法界性即能淨除一切罪障、以「凡夫的身體」修行、十餘年中、即得成就阿耨多羅三藐三菩提。一切行者、皆當生此清淨質直之心、增進無上菩提。

一切修行「菩薩道」的大菩薩、不應執著於肉眼所見的一切事物、「以貌取人」而皈依；或作為於一切「有為」之「形相」或「舉動」、就認為已經是在修行佛道。若誤認為已是究竟、那是很嚴重的錯誤！例如：辦法會、各種公益活動、建寺廟、塑佛像、扶乩、通靈、啓靈、野放水陸動物…等。

不應執著於以「音聲」唸佛、唱讚、持咒、誦經、講經說法、就認為已經是在修行佛道、已是究竟。那是很嚴重的錯誤！

不應執著於以燒香、塗香、末香、香花等物供養佛像、就認為已經是在修行佛道、已是究竟。那是很嚴重的錯誤！

不應執著於以飯食、水果等物供養佛像、或已有茹素、就認為已經是在修行佛道、已是究竟。那是很嚴重的錯誤！

不應執著於以「身」朝山、作大禮拜、拜懺、跑香、遶佛、參話頭、打手印、打七、剃度出家、或修諸苦行、就認為已經是在修行佛道、已是究竟。那是很嚴重的錯誤！

不應執著於、佛說第一義住之前、四十七年所演說八萬四千法依諦諸經。或於我取涅槃後、四眾綺飾文辭「猶如佛所說」的一切「論」、一切「說」、執取不捨、就認為已經是在修行佛道、已是究竟。那是很嚴重的錯誤！

修行「菩薩道」的大菩薩、應不為「我相、人相、眾生相、壽者相」所惑。在無相的狀態中、生發四智菩提心、入如來法性大智慧海。行者應不執著於「色聲香味觸法」等一切有為之法。二六時中、時刻不離於：無相、無願、無作、無為、無退、無諍、安處、寂靜、清涼、吉祥、無生、無滅、的「涅槃實相」

之中。

•「涅槃實相」就是我如來世尊再為授記的佛說觀無量壽佛四十八願無量義禪經真實相真實義、從第一觀始起、至第十六觀全部、的「無量義」禪定、名為：「如來第一義住」、是名「大般涅槃正法眼」；為今末法時一切眾生、「修行菩薩道、佛道」的無上法門；為「超脫生老病死海、得究竟涅槃的不二法門」。因此、我如來世尊先在金剛經中說：應無所住而生其心。此如來第一義住無上心法、傳至中國六代摩訶惠能之後、後繼無人。形成斷層、至今我如來世尊入末法世再為演說、授記一切菩薩摩訶薩、依如來第一義住「佛說觀無量壽佛四十八願無量義禪經」修行四十八願「無量義禪定」、得阿耨多羅三藐三菩提、成就永恒不生不滅的「佛道」「佛果」。

- 應無所住：謂「無相」也、止一切欲、息一切惑、離一切相、身心寂靜、安住於「無我、無意識」的狀態中。
- 而生其心：謂「隨順佛的宿願力、而生四智菩提心」思惟諦觀也。
- 「應無所住而生其心」即是一部真經、即是：「在無相、無我、無意識的狀態中、隨順佛宿願力、而生四智菩提心、進行如來高層次見性無量無邊大智慧的意識行動。」
- 我相、人相、眾生相、壽者相：詳見書後註解。

須菩提！譬如有人、身如須彌山王。於意云何？是身為大不？

須菩提！譬如說、觀無量壽佛經中說阿彌陀佛身量無邊、比宇宙中「最大的星球」還更大、無量廣長之相。又譬如、如來常在諸經中說某方世界、有◯◯佛、身型巨大、如喜瑪拉雅山、甚至如宇宙中很大的星球那般的大！你認為如何？無量壽佛的身相、大不大呢？那些佛的身相、大不大呢？

• 須彌山：即是喜瑪拉雅山。
• 須彌山王：謂宇宙中的星球。

須菩提言：甚大！世尊！何以故？

須菩提回答說：真的是非常大啊！世尊、為什麼「那些佛、和阿彌陀佛的身相」會那麼大呢？

佛說非身、是名大身。

世尊釋迦牟尼佛回答說：無量壽佛暨諸佛的身相、是法界身、是法性身、是不生不滅不壞之身、是「無所從來、亦無所去」身。並不是用「肉眼」所能看見的那種身體；你們若要修行「佛道」、絕對不可執著於「眼耳鼻舌身意」六根、對「色聲香味觸法」六塵相、去印證「實相」、那會產生大錯誤的。

若能排除六根六塵「相」的見思惑、令身心寂靜、依如來第一義住修行諦觀、入「無量義三昧」才能得見我釋迦牟尼佛真實的身相、即是「身量無邊的無量壽佛、三界內外『宇宙至尊主宰』永恆的法性身。」

- 非身：不是眾生的身。「眾生」、謂「六道、二十五有」也。
- 大身：不生不滅無邊清淨法身也。
- 如來法身、為何而云「無所從來、亦無所去」？如來法身在法性中、不在三界中；在法性中故、不生不滅、不垢不淨、不增不滅、諦觀即見。

● 「法身」非是父母所生、故云「無所從來」；「法身」非有死滅、故云「亦無所去」。

● 如來不生不滅、金剛不壞、清淨法身：即是「見性明心」悟「無生忍」之「金剛乾慧心」也。無生忍的金剛乾慧心、不生不滅、不垢不淨、不增不減、三明六通無所不能。

● 見思惑：詳見書後註解。

無為福勝分第十一

如來佛世尊在這段經中明確告知一切人等、若以人間金銀七寶施捨救濟、雖能獲得來世福報；若有人、能止一切欲、息一切惑、離一切相、修行四念處、循如來藏起四智菩提心而見性明心、自覺覺他、所得福報殊勝、不可思議。故曰：無為福勝。

● 四念處：詳見書後註解。

須菩提！如恆河中所有沙數、如是沙等恆河、於意云何？是諸恆河沙、寧為多不？

世尊問須菩提：比如現在印度這條恆河中、所有一切沙的數目；譬如現在恆河中每一粒沙都變成為一條恆河。你認為如何？這些不可計數的恆河中、沙子的數目、多不多呢？

須菩提言：甚多！世尊！但諸恆河尚多無數、何況其沙。

須菩提回答說：世尊！那些沙子多到無法計數了！光是那些恆河、都已經多到沒辦法計算它的數字、何況無數恆河中的沙、真是多得不可計數了！

須菩提！我今實言告汝、若有善男子善女人、以七寶滿爾所恆河沙數三千大千世界、以用布施、得福多不？

須求無上菩提的佛子啊！我如來世尊以「真實的話」告訴你、如果有俗家善男子、或俗家善女人、以「黃金、白銀、琉璃、琥珀、珊瑚、瑪瑙、翡翠」等七寶、而於如前所說、無數恆河中的無量沙、以「一粒沙」譬喻一個三千大千世界、以七寶將這些無量無數的三千大千世界中所有的星球、都以七寶做成、拿來施捨救濟貧苦的人、這個大施主他將獲得的來世福報、多不多呢？

- 三千大千世界、就是三界「欲界天、色界天、無色界天」、簡稱為：三千大千世界。亦簡稱為：三界。
- 三界者、「貪」是欲界、「瞋」是色界、「癡」是無色界。
- 世尊以外界之物引喻人體的作用及自性的習性。今就外界而言、欲界天就是小銀河星系、色界天就是中銀河星系、無色界天就是大銀河星系、四天王天就是太陽系也。在人體而言、從肚臍以下而至脚底、是欲界；從肚臍以上而至眉平齊、是色界；從眉至頭頂部位的腦、是無色界。不須寄於眾生之身、亦不須托附於一切山川草木、古董、器皿、屍骨、蟲蛇、諸獸、風、水、之中而能得大自在、名為出三界。

須菩提言：甚多！世尊！

須菩提回答說：「非常多啊！世尊！」

佛告須菩提：若善男子善女人、於此經中、乃至受持四句偈等、為他人說、而此福德、勝前福德。

世尊釋迦牟尼佛告訴須菩提：我滅度後、若有「俗家善男子」、或有「俗家善女人」、於此金剛經中、了解真實妙義、甚至了解金剛經中：「若以色見我、以音聲求我、是人行邪道、不能見如來」、及「一切有為法、如夢幻泡影、如露亦如電、應作如是觀」等八句偈語、而悟知如來說四句偈是指「觀身不淨、觀受是苦、觀心無常、觀法無我」「四念處」這「四句偈」之真實義、並為他人詳細解說「一切真實義」者、此人所得的如來福德、勝前所說、以「七寶」滿無量恆河沙數三千大千世界、用以布施者、來世在「三界中享福」的福報。

• 四念處、四句偈：詳見書後註解。

尊重正教分第十二

如來佛世尊、知末法世之時、眾生迷著取相、誤以為剃除頭髮穿袈裟的人、才是傳承佛道的僧寶；不知如來另有派遣弟子入于末法、演說「金剛般若波羅蜜」見性第一義諦正法眼、教化一切大乘菩薩、出離生死。

以此緣故、如來在此段經中、告誡末世眾生、若有幸得遇此法師、必須合掌供養、尊重讚歎、猶似如來親臨一般、並依這位法師教誨、如法修持。故曰：尊重正教。

復次、須菩提！隨說是經、乃至四句偈等、當知此處、一切世間天人阿修羅、皆應供養、如佛塔廟、何況有人盡能受持讀誦。

世尊又說：須菩提、若我滅度後、有人隨喜闡說這部大乘金剛經的真實義（此是在宣示末法世之時如來必遣弟子入世、著作最後垂範教化一切正心深信佛語的眾生、於一世身中、即能見性成佛）、並為演說金剛經中「四念處的四句偈」等事。一切眾生都應當知道這個「講經的處所」、一切三界中的無量諸天、人、阿修羅、龍眾八部、二十五有、皆應向這個處所、恭敬頂禮、如頂禮我如來世尊的「塔廟」一樣；更何況、於我滅度後、有人盡能了解金剛經中、如來所說一切真實義、自己深入研究領納於心、憶念不忘、修行如來第一義諦、並能廣向一切眾生演說如來第一義諦、見性的正法眼藏、一切眾生皆應供養這位法師、如供養我如來佛一樣！

● 是經：指如來世尊於末法世派遣弟子阿難入凡為農夫、如來以正徧知授記此凡夫、而著作成就的「如來最後垂範首楞嚴第一義諦觀無量壽佛四十八願無量義禪經」。

• 四念處、四句偈：詳見書後註解。

須菩提！當知是人、成就最上第一希有之法、若是經典所在之處、即為有佛、若尊重弟子。

須求無上菩提的佛子啊！你應當知曉、這一個人、已經得我如來授記、著作成就如來第一義住這一本在三界中、最上第一希有的佛道無上法藏、「佛說觀無量壽佛四十八願無量義禪經」。此人已成就阿耨多羅三藐三菩提、於我滅後、愍眾生故、自捨清淨業報、生于人間。

而「那一本」在三界中最上第一希有的如來第一義住「佛說觀無量壽佛四十八願無量義禪經」所在之處、或演說修行之處、即是我如來世尊的道場、亦是十方三世一切諸佛如來的道場、那部經典中、即有金剛舍利如來全身。

三界中、從六道二十五有中來、一切生身於人間、得到「人身」的「眾生」、若見到此人、皆當尊重頂禮供養。這個人是我如來世尊遣在人間的「真實僧寶」、你們都必須尊重頂禮供養；你們都必須皈依於此人、為其弟子、誠懇恭敬的啟請「前所未聞的大乘無上佛道」、不可著取於「相」、以貌取人、認為他只是一個農夫、錯過萬劫難遇的大因緣！

● 是經典：謂末世時世尊遣阿難入世著作的「如來最後垂範首楞嚴第一義諦觀無量壽佛四十八願無量義禪經」。

如法受持分第十三

如來佛世尊於此經中、以密語譬喻示教末法世一切眾生、當尊重正教明師、依如來涅槃兩千五百年後、於末法中宣示「第一義」的「最後垂範」、如法「見性」修行、不可執此大般若經第五百七十七卷的經文、認為這就是如來所說的金剛般若波羅蜜經、而毀謗如來於末法中宣示的最後垂範、真實的金剛般若波羅蜜經；末世眾生、皆當如法受持、求出生死。故云：如法受持。

爾時須菩提白佛言：世尊！當何名此經？我等云何奉持？

那時候、須菩提問釋迦牟尼佛說：世尊！應當用什麼名稱來稱呼那一部經？凡我佛弟子等、應當如何解義修行。

• 奉：解義；深解如來真實義。

• 持：憶念修行。

佛告須菩提：是經名為金剛般若波羅蜜、以是名字、汝當奉持。

世尊告訴須菩提：現在說末世如來最後垂範的那一部經、稱名為：金剛般若波羅蜜經、就用那個名字（何以故？如來今所說者、是大般若經第五百七十七卷、並不稱為金剛般若波羅蜜經、續讀下文即知矣！）、如果是我如來世尊的弟子、皆當解義修行！今解義如下：

金剛：無堅不摧、永恒堅固不壞、清淨光明法身。

般若：如來無上正智正等正覺。

波羅蜜：華言「度」、又言「到彼岸」、又言「究竟涅槃真諦」。

經：依循的途徑。亦是豎窮三際時、橫遍十方處、永恒不變不易的真理。

●是經：謂世尊於末法世、派遣弟子阿難入世著作的如來最後垂範首楞嚴第一義諦觀無量壽佛四十八願無量義禪經。

所以者何？須菩提！佛說般若波羅蜜、即非般若波羅蜜、是名般若波羅蜜。

為什麼讀誦金剛經、還要再解真實義、才能修成佛道呢？須求無上菩提的佛子們！我如來世尊釋迦牟尼於今所說這一部金剛經、雖稱名為「如來正智正等正覺究竟涅槃真諦」；尚不是真實的「如來正智正等正覺究竟涅槃真諦」最上第一希有之法藏「如來第一義住」、只是以方便稱此段名為金剛經、名為「如來正智正等正覺究竟涅槃真諦」而已；末法世時、如來再臨示現最後垂範那部經、才是真實的摩訶般若波羅蜜大乘金剛經。

須菩提！於意云何？如來有所說法不？

須菩提！你認為如何？我如來世尊已經有將「成就如來堅固光明法身、如來正智正等正覺、究竟涅槃真諦」最上第一希有見性成佛之法藏、說出來了嗎？

須菩提白佛言：世尊！如來無所說。

須菩提對釋迦牟尼佛說：宇宙至尊釋迦如來！您並沒有說出「成就如來堅固光明法身、如來正智正等正覺、究竟涅槃真諦」最上第一希有見性成佛之法。

須菩提！於意云何？三千大千世界所有微塵、是為多不？

須菩提！你認為如何？欲界天、色界天、無色界天、所謂三千大千世界、其中一切微塵、是不是很多呢？

• 以天體而言、欲界天謂小銀河系。色界天謂中銀河系。無色界天謂大銀河系。

• 以眾生而言、欲界天謂眾生貪慾之性。色界天謂眾生瞋恚之性。無色界天謂眾生妄想癡執之性。

須菩提言：甚多！世尊！

須菩提回答說：「非常多啊！世尊！」

須菩提！諸微塵、如來說非微塵、是名微塵。

須求無上菩提的佛子們！三千大千世界「一切微塵」、是我如來世尊為了譬喻而說的、是指你們現在居住的「地球」、及與你們能見到的「一切日月星辰」。

並不是說地球上、空氣中飄浮的「微塵」。因為三界中的「一切星球」、在我如來世尊的眼中看起來、只是像你們地球上、在空氣中飄浮的「微塵」一樣、所以我才說：三千大千世界中「一切星球」、名為「三千大千世界所有微塵」。而我如來所謂「微塵」、實是指一切眾生「貪、瞋、癡」的「欲、相、惑」有如三千大千世界一切星球之眾多也。

• 微塵即是指「欲、相、惑、貪、瞋、痴」。

如來說世界、非世界、是名世界。

我如來世尊所說的三千大千世界、是用外界來比喻人體的構造與佛性的存在。

如來於經中所說的世界、是指我天父的國度極樂世界；不是人類「肉眼所見」日月星辰、山河湖海大地的物質世界；係是指謂「安住無相、無我、無意識的狀態中」、循四十八願起四智菩提心、思惟諦觀所見的極樂世界」名為「世界」。

● 三界就是眾生之身、三界就是「貪瞋癡」、出眾生貪瞋癡三界之身、即是安住于極樂佛國了！你知道嗎？我們現在居住的地球、即是極樂世界裡的一顆寶珠、我們就住在這寶珠上；因為我們有「身體」所以才會有災難；如果我們修成無生法忍、此身過後永證不生不滅清淨法身、那時候這個地球是否存在、是否改變、都與我們無干了。

須菩提！於意云何？可以三十二相見如來不？

須菩提！你認為如何？可依照當前你們聽我所說的「三十二相」、窺見「宇宙至尊主宰無量壽佛」的「法界身」嗎？

世尊於此經中宣告眾生「見性實相」並不是從外表看見的那種三十二相、所以故意和須菩提作此問答、來教化人類、欲要成佛出生死、不可只求外表的修道樣子；必須在自性中密行見性、才能成佛、永斷生死。

不也！世尊！

須菩提答說：「這是不可以的！世尊！」

不可以三十二相得見如來！何以故？如來說三十二相、即是非相、是名三十二相。

世尊對須菩提說：確實是「不可」以「如來三十二相、八十隨形妙好」、得見如來真實法身！你知道這是為什麼嗎？我如來世尊所說的三十二相、是指修行「菩薩道」的大菩薩、修行「五戒、八戒、十善、四念處、四攝法、六波羅蜜、三淨業、十六觀」、而能離一切「相」、斷一切「惑」、成就如來法性身、而有「三十二相、八十隨形妙好」；並不是指要眾生「觀想三十二相」；而我如來世尊此時具足的三十二相、是前所說一切功德所成就的「三十二種表徵」、所以稱名為「三十二相」。

如來外現三十二相、那僅是表徵。如來法身乃是從觀無量壽佛四十八願無量義禪經的三福淨戒、深入日觀、直到雜想觀第十三全部、那才是真實的如來法身。是故、佛云：不可以三十二相見如來。而必須深入經藏諦觀「如來法界性」、方能得見如來真實法身。

● 如來三十二相：(三：謂三身。十：謂十力。二：謂從雙三昧而證得。）

(1) 足底平滿相。
(2) 足底千輻輪相。
(3) 手指纖長相。
(4) 手足柔軟相。
(5) 手足網幔相。
(6) 足跟滿足相。
(7) 足趺高好相。
(8) 腨如鹿王相。
(9) 手長過膝相。
(10) 馬陰藏相。
(11) 身端縱廣相。
(12) 毛孔青毫相。
(13) 身毛右旋上靡相。
(14) 紫金光身相。
(15) 身光一丈相。
(16) 皮膚細滑相。
(17) 手足肩頂七處平滿相。
(18) 兩腋平滿相。
(19) 身平正威儀相。
(20) 兩肩圓滿相。
(21) 身正端直相。
(22) 四十齒相。

(23)齒白齊密相。(24)牙白淨相。
(25)兩頰隆滿相。(26)舌泌甘露相。
(27)廣長舌覆面相。(28)梵音深遠相。
(29)海水金睛相。(30)眉間白毫相。
(31)眼睫牛王相。(32)頂上肉髻相（無見頂相）。

● 四攝法：如來世尊以「慈悲、愛語、利行、同事」四德、攝化眾生、使歸正覺也。

(一)慈悲：慈謂不求回報的利他。悲謂事事同理心、見他人受苦受難猶如自身苦難、誓相救拔也。

(二)愛語：謂真實不虛而關愛的語言。

(三)利行：謂利益眾生的梵行。

(四)同事：謂示現同人法而行教化。

須菩提！若有善男子善女人、以恆河沙等身命布施、若復有人、於此經中、乃至受持四句偈等、為他人說、其福甚多。

須求無上菩提的佛子們！若有俗家善男子、或俗家善女人、以如「印度恆河沙數」自己的身體和寶貴的生命、施血、捐贈器官、或勞動奉獻、其人來世所得福報、可說非常多了；但、假使有人、於此金剛經中、求解實義、甚至了解四念處的「四句偈」等、一切實義。而能自修、又廣為他人解說、及勸人修持、其人所得福德、更勝前者甚多！甚多！不可思議！

● 四句偈：詳見書後註解。

離相寂滅分第十四

如來佛世尊於此明確宣示：如來於末法世中、遣一位大菩薩（阿難）入世、宣揚教化「如來見性成佛第一義住」無為大法、著作如來最後垂範、教化一切正心深信佛語的人、出離生死。本段與「正信希有分第六」經文相互印證、且更深入教誨。眾生若能依於末法世中如來世尊遣在人間的大善知識、依其指導、如法見性、不久必能證六波羅蜜、永出生死。故曰：離相寂滅。

爾時須菩提、聞說是經、深解義趣、涕淚悲泣、而白佛言：希有世尊！佛說如是甚深經典、我從昔來所得慧眼、未曾得聞如是之經。

須菩提尊者聞佛世尊說大般若經至此間、已知末世之時如來將再臨人間教化如來最後垂範首楞嚴第一義諦。須菩提已深深的了解佛語的真實義、知如來將於涅槃兩千五百年後、必再親臨人間之時才將「大般涅槃無上佛道」教化在民間。

須菩提尊者已深心趣向大乘佛道如來第一義諦、激動得涕淚交流、悲傷哭泣、而對釋迦牟尼佛說：三界內外、唯一永恆的「宇宙至尊」釋迦牟尼佛、今說出末法世之時才會出現的那一部、極為深奧的第一義經、使我了解見性成佛如來第一義住法藏、是那麼的深奧與重要！（但是卻要我們在此輪迴生死兩千五百多年後才能聽聞、是以須菩提尊者激動得悲傷哭泣、涕淚交流。）我從有識之年開始、向有智慧的「善知識」求學。從來沒有聽過、那麼重要、那麼不可思議的修行途徑！今生今世猶未能耳聞世尊金口演說那部經典！

世尊！若復有人、得聞是經、信心清淨、即生「實相」、當知是人、成就第一希有功德。世尊！是「實相」者、即是非相、是故如來說名「實相」。

世尊！假使有人、「得到」或「聽到」世尊入末世宣示的那部佛說觀無量壽佛四十八願無量義禪經、即知是如來世尊所說「最上第一希有之法」。其人能起大信、身心寂靜、即得如來世尊以「正徧智」入其「清淨心」中、授與如來第一義住無量妙義；其人亦能解金剛經中一切真實相、真實義。自發無上菩提心、精進修持、並能以四無所畏、廣勸大眾修行。佛門四眾、皆應知曉、能於「末法世」時、為一切眾生演說如來第一義住見性成佛無上大道的這個人、已於無量劫以來、早已成就第一希有功德、憐愍眾生、乘願再來、生於人間。

世尊！我今已知如來第一義住無量妙義無相無為的「中道實相」；並不是凡夫肉眼、六根六塵所能求證的有為物質、也不是「八萬四千法」一切「有為」之法；所以如來世尊才會說見性無相無為的第一義住名為「實相」！

● 四無所畏：

(一) 一切智（於自性中密行如來一切種智）無所畏。

(二) 漏盡（永超三界、不入六道二十五有生死輪迴）無所畏。

(三) 說障道（對不如法的行者、不正確的邪說、加以勸說導正、甚至訶責舉處）無所畏。

(四) 說盡苦道（向大眾演說出離生死的無上大道）無所畏。

● 第一希有功德：謂證得阿耨多羅三藐三菩提、已成就不生不滅大般涅槃的佛道佛果。

世尊！我今得聞如是經典、信解受持、不足為難。若當來世、後五百歲、其有眾生、得聞是經、信解受持、是人即為第一希有。何以故？此人無我相、無人相、無眾生相、無壽者相。所以者何？我相即是非相、人相眾生相壽者相、即是非相。何以故？離一切諸相、即名諸佛。

世尊！我等比丘、比丘尼、於今時世尊您為我們說、要聽聞如來世尊為我等演說第一義住、必需等待世尊取涅槃再過兩千五百年後、世尊您再入世之時才為我們宣說。要我們深信、深解實義、要我們等待世尊您於末法之世再度親臨人間為我們宣說第一義、要我們深行「如來四十八願無量妙義實相」救我們出離生死的「如來藏」、並不困難。

但是、當如來世尊取大涅槃、過兩千五百年後、若有眾生、得遇機緣、聽人演說如來第一義住無量妙義、那一部如來最後垂範「見性明心直了成佛」的無上法藏、能起大信、深解實義、能深行世尊四十八願無量妙義見性實相的「禪定」、這些人、即是在自性中見性「第一希有的菩薩摩訶薩」！

這是什麼道理呢？能依如來第一義住深心修行的人、已無增上慢的「我相」；已無分別為「他」、於男女「色相」迷而不覺的「人相」；已無「計斷、計有、計無」的「眾生相」；已無「計常」邪見的「壽者相」。

為什麼一定要這樣修行呢？因為、「我相」即是「無明諸惑」；「人相」即是「思惑、生死惑」；「眾生相、壽者相」即是

「三界見惑」。

這是什麼緣故呢？因為「見思、生死、無明」諸惑、能令一切眾生、生一切煩惱障結、輪迴三界六道、生死不已、受無量苦厄、所以「我、人、眾生、壽者」四相、稱名為「非相」。若有眾生、知此「四相」之害、而能遠離、能深行於如來第一義住中道實相、得成正果、證得「無生法忍」的「無上正覺」、即是名為：「佛」。

- 當來世：謂世尊於末法之時必當再臨人間教化諸菩薩、見性成佛的「如來藏」。因為世尊預示於末法之世必當再來、故曰：「當來世」。
- 我相、人相、眾生相、壽者相：詳見書後註解。
- 見思、生死、無明諸惑：詳見書後註解。

• 離一切諸相：謂離一切世間眾生的「虛妄思想、執著、貪愛、嫉妒……」、斷見思、生死、無明塵沙之惑、證無生法忍也。

• 諸佛：如來也、無所從來、亦無所去、不生不滅也。

• 離一切諸相：謂行者生時已證無生法忍、死後不再入三界六道、二十五有塵沙品類之身托生。亦不寄托於「山、川、木、石、風、獸、屍骨、之類」。亦不托於「畫像、塑像、雕像、古董、器皿、金銀」之類。能以「無托附」而得大自在、神通智慧神力、廣大無邊、永離托附於一切形象、才能生存的大惑業、是名：「真大解脫、真大自在」。即是「不生不滅、金剛不壞清淨法身」。故曰：離一切諸相、即名諸佛。

佛告須菩提：如是如是！若復有人、得聞是經、不驚不怖不畏、當知是人、甚為希有。

釋迦牟尼佛讚歎須菩提尊者：正是！正是！假使有人、於末法世得遇機緣、聽人演說如來最後垂範第一義住那一部見性成佛的大乘經典、不驚疑「是人所偽造」、不恐怖於「非佛所說」、不畏懼第一義住禪定的「深廣無量」、而能起大信心、依行「我如來世尊」四十八願無量智義起四智菩提、見性明心、必定直了成佛。你們「出家、在家」一切四眾、都應當知道、這樣修行的人、才是真正修行於菩薩道、極為稀有的大菩薩！

● 四智菩提：

(一) 成所作智。

(二) 妙觀察智。

(三) 平等性智。

(四) 大圓鏡智。

何以故？須菩提！如來說第一波羅蜜、即非第一波羅蜜、是名第一波羅蜜。

我如來世尊為什麼會這樣說、你們知道是什麼緣故嗎？須求無上菩提的佛子們！釋迦如來今日所說的金剛經、稱名為：「第一義究竟涅槃真諦（金剛經）」；並不是真實的「第一義究竟涅槃真諦（金剛經）」；末世時那部如來教菩薩法第一義住、佛說觀無量壽佛四十八願無量義禪經、才是真實第一波羅蜜。而今僅是以方便、稱這部大般若經第五百七十七卷、名為金剛經、名為：「第一義究竟涅槃真諦」而已！

須菩提！忍辱波羅蜜、如來說非忍辱波羅蜜、是名忍辱波羅蜜。何以故？

須求無上菩提的佛子們！「安處無諍寂靜究竟涅槃真諦」；我如來世尊說的「並不是強調一切逆來順受」的「忍辱精神」；而是指「證得無上正覺」的「無生法忍」、才可以稱名為：「安處無諍寂靜究竟涅槃真諦」。這是什麼緣故、你知道嗎？

須菩提！如我昔為歌利王割截身體、我於爾時、無我相、無人相、無眾生相、無壽者相。何以故？我於往昔、節節支解時、若有我相、人相、眾生相、壽者相、應生瞋恨。

須菩提！譬如說我如來世尊、昔日被歌利王割截身體、我在那時、早已證得「無生法忍」、已淨滅了「我、人、眾生、壽者」四相的「見思、生死、無明」。這是什麼緣故呢？

我於往昔之時、被歌利王「一個骨節、一個骨節」的割截。在那時候、如果我沒有「證得」無生法忍、而僅以「強調一切逆來順受」的精神「忍辱」、必定會因「身受痛苦」而產生「瞋恨煩惱」、怎麼會毫不動於聲色呢？

• 若有我相（無明惑）、人相（思惑、生死惑）、眾生相（見惑）、壽者相（見惑）：如果我沒有「證得」無生法忍。

• 無我相、無人相、無眾生相、無壽者相：詳見書後註解。

• 我相、人相、眾生相、壽者相：詳見書後註解。

須菩提！又念過去於五百世、作忍辱仙人、於爾所世、無我相、無人相、無眾生相、無壽者相。是故、須菩提！菩薩應離一切相、發阿耨多羅三藐三菩提心、不應住色生心、不應住聲香味觸法生心、應生無所住心。

須菩提！再說我釋迦如來、於前五百世時、號作「忍辱仙人」、在那時候、我早已證得「無上正覺」、早已證得「無生法忍」、早已淨盡了我相、人相、眾生相、壽者相等、一切「見思、生死、無明」諸惑、所以不會產生瞋恨煩惱。

就是這個緣故、須求無上菩提的佛子們！凡是修行「菩薩道」的行者、都應捨離「見思、生死、無明」諸惑的「我相、人相、眾生相、壽者相、色相、聲相、香相、味相、觸相、法相、非法相」等一切虛妄之相、而發志求「如來無上正智正等正覺、自覺、覺他、覺行、三覺圓滿」的無上道心。

不應執著於肉眼所能見的「一切色相」、譬如舉辦法會、舉辦各種活動、供奉佛像金身、塑造佛像、繪畫佛像、建造寺廟、或僅聽受皈依於「法相莊嚴」或寺廟蓋的很大的法師修行、謂是已發菩提心。將凡夫肉眼所不能見的「如來」、所授記最後垂範、見性成佛的「經、語」、謗為魔說；或比丘、比丘尼、生七種慢、輕賤譭謗「在家」護正法者、即觸犯譭謗正法之罪、自斷三界中一切佛種、故曰：不應住色生心。並應在色身色慾方面、自心自性必需清淨無染。

不應執著於凡夫有為的「聲相」、譬如以音聲唸佛、唸咒、唱讚、唱聖詩、誦經、演說我見、自謂是已發菩提心。若不信受如來最後垂範、見性成佛的第一義諦、一味執迷於有口無心的唸佛、唸咒、誦經、欲得蒙佛超度到西方作佛者、無有是處！東方人唸佛唸經求生西方；西方的人、要唸誰？唸啥？求生哪裡？唸佛唸經若能超生死、如來佛當初唸何文？需知「西方」是指謂不生不滅清淨法身、非是西邊的世界也！

不應執著於「香相」、譬如以鮮花、香油、香水、栴檀沈水一切諸香、燒香、塗香、供養佛像、自謂是已發菩提心、謂是究竟、無有是處！

不應執著於「味相」、譬如以水果、飯食、一切食物、供養佛像、供養僧道；或持齋茹素、自謂是已發菩提心、謂是究竟、無有是處！

不應執著於「觸相」、譬如朝山、法會、拜懺、拜佛、扶乩、啓靈、走靈山、通靈、跑香、遶佛、打七、參話頭、打手印、剃度出家、或修諸苦行、等「一切有為」之法、自謂是已發菩提心、謂是究竟、無有是處！

不應執著於我釋迦牟尼佛演說「法華第一義」之前、四十七年所說「八萬四千法門」、於諸小法執取不捨。或執著於我涅槃後「像法、末法」時節、一切「未斷三界見惑」徒負盛名的生死凡夫、所綺飾的「一切論」「一切說」、將之奉為金科玉律、犯下嚴重的「法執」與「非法執」、迷而不覺。反將我釋迦牟尼佛所演說的大乘經典、妙法蓮華經、觀無量壽佛經、大般涅槃經、置之腦後、不肯深入經藏求解實義、不知我釋迦牟尼佛所留下的、究竟是什麼「道」？什麼「理」？邪師一味執著「我見」、依「古論說」照本宣科、依樣畫葫蘆、樂「諸小法」而不疲！於諸小法中、略有成就、即自恃己能、自謂「已證得佛道」是名為「邪妄狂徒」、這種人怎是我釋迦牟尼佛的承傳弟子？學佛之人應睜亮慧眼仔細分別、否則一世修行皆成虛幻、臨命終時、知悔無及矣！

我如來世尊、見今時、雖值末法、而有無數菩薩、已厚植福慧、應「最後身」、該當「作佛」。我如來世尊派遣弟子、生為凡夫、使其嚐受人間煩惱、因緣時至、我以「正偏知」入其「清淨心中」授記如來第一義住真實義、令籌資印書、廣度四眾。然「諸四眾」、未聞此法、多諸驚疑怖畏、或有增上慢人、反謗如來第一義住第一希有無上法藏。是故今時、續令註解金剛般若波羅蜜經、作為苦海諸眾生暗夜導行的「燈塔」。以如來第一義住第一希有無上法藏、作為苦海「慈艦」。以我所遣弟子、作為「船師」。引度一切「深信佛語」的「有緣眾生」到佛彼岸。是故、我於金剛經說：「菩薩應離一切相、發阿耨多羅三藐三菩提心、不應住色生心、不應住聲香味觸法生心。」

一切菩薩、應生志求「如來無上正智正等正覺」的無上道心、以「住空、無相、無願、無作、無有、無為、無染、無著、無礙、平等、圓明、清淨、質直」之心、依如來第一義住起四智菩提精進修行。

● 過去於五百世：此語是世尊用來比喻的密語。過去於謂淨除也。五百世謂名利財食色之色聲香味觸五欲。本句即「淨除五欲」也。

● 七種慢：詳見書後註解。

若心有住、即為非住。是故佛說菩薩心、不應住色布施。須菩提！菩薩為利益一切眾生故、應如是布施。

修行「菩薩道」的行者、如果心中時常執著於前所說「色聲香味觸法」等有為之法、或執於「我相、人相、眾生相、壽者相」等、即入「見思生死無明」之惑。

最嚴重的是「執於『色相』上、以貌取人、只皈依於有知名度的法師、輕賤『在家』護正法者」、或學習邪教男女性愛雙修淫穢之法、謂是「住色布施」。若佛門四眾有上述的執著、就會有七慢產生、「七慢」能令眾生迷而不自覺、譭謗正法、墮三途惡道。前述的「執著」稱為「非住」、必入三途惡道。前述七種慢、因著「相」迷「惑」所生、所以我釋迦牟尼佛說：修行「菩薩道」的行者、若發菩提心、不應執著於「眼見為實」的「見思惑」、豈可用凡夫的肉眼去求證「如來不可思議的智慧」、而於「正法」產生疑忌。是故我如來世尊於金剛經云：「佛說菩薩心、不應住色布施。」

須求無上菩提的佛子們！凡是真心修行「菩薩道」的行者、為了利益「三界一切眾生」的緣故、應盡除「一切見思生死無明」及「一切有為」之法、自發志求「如來無上正智正等正覺」的無上道心、恭敬謙虛的向已有見性的真善知識啟請前所未聞的「如來第一義住」無上法藏中的無量妙義、依法見性精進修行。

• 即為非住：即入「見思生死無明」之惑。

• 七種慢：詳見書後註解。

如來說一切諸相、即是非相。

我如來世尊於此大乘金剛般若波羅蜜經中、所說一切諸相、是指「令一切眾生輪迴生老病死海」、受無量苦厄的「我、人、眾生、壽者、色相、聲相、香相、味相、觸相、法相、非法相」等一切『有為』之法、即是所謂「見思、生死、無明」諸惑的非相。

• 即是非相：即是所謂「見思、生死、無明」諸惑。並不是指循法藏比丘四十八願於自性中起四智菩提、具五眼同觀所照見極樂世界一切光明常樂我淨無量莊嚴的如來第一義住的「中道實相」為「非相」、行者不可不明辨也！許多佛門弟子都誤解修行「見性明心直了成佛」的觀無量壽佛經、在觀想中是「著相」；真是豈有此理？如果觀無量壽佛經的觀想是「著相」、那我釋迦牟尼佛豈真是「佛」？如果觀無量壽佛經見性成佛的如來藏凡夫無法修成、那我如來演說觀無量壽佛經要幹什麼？有智慧的人啊！你該醒醒了！

又說一切眾生、即非眾生。

又我如來世尊於經中說「一切眾生」、是指在三界中、迷於「諸惑」輪迴生死、今從「三界二十五有」中來、生身於人間、得到「人身」而成為「人類」的各國一切族群、名為「眾生」；並不是指妄惑已盡、已證涅槃、而在三界中受「我如來世尊」

授受「如來職」的一切「菩薩摩訶薩」。

●一切眾生、即非眾生：一切眾生係指「宿習垢染」、就是所謂「邪迷心、誑妄心、不善（偽善）心、嫉妒心、惡毒心、憤高心、慢他心、人我心、貪愛心、執著心」等、一切虛妄思想心是也、簡單的說、就是自己的「十惡、八邪、四相、三毒、妄想、分別、執著、傲慢、疑懼」的心、名為「一切眾生」；並不是指「天道、人道、畜道、鬼道、地獄道」中的一切「萬類有情」。

須菩提！如來是真語者、實語者、如語者、不誑語者、不異語者。

須求無上菩提的佛子們！我如來世尊是「說真話」的世尊！如來以真心話告訴你們：「見性成佛的法」要等到我涅槃兩千

五百年後的末法世、才遣大菩薩入世、來教你們。世尊說真實話告訴眾生、故曰：真語者。

如來是「說實話」的世尊！如來以實話告訴你們、我示現為釋迦牟尼佛住世說法四十九年、雖有演說大乘十二部三藏諸經、但我還是「沒將見性成佛的法」說出來。世尊在此經中明言：凡所有相、皆是虛妄；若見諸相非相、即見如來。此語真實不虛。故曰：實語者。

如來是「依主諦說法」的世尊！如來三轉法輪為一切眾生演說八萬四千小法、引導眾生修戒定慧、求解脫之道、稱名為：「依諦」。於說「見性成佛主諦」之前、先說的權宜法、即是釋迦牟尼佛所說的「八萬四千法」。等到末法之世才授記「主諦」：即是「如來四十八願」無上正法藏、如來最後垂範首楞嚴第一義諦觀無量壽佛四十八願無量義禪經。世尊以八萬四千依諦小法令眾生於兩千多年中潛移默化、漸漸親近大乘、而於末法之世再將見性成佛的主諦闡釋光揚、令一切正心深信的眾生、個個見性明心、直了成佛。故曰：如語者。

如來是「不以美麗的謊言欺人」的世尊！佛說「離一切諸相、即名諸佛」、「若見諸相非相、即見如來」、此經即是永恒不變的真理。佛說兩千五百年後的末法世中、必再來教一切「正心深信佛語」的人「見性成佛」這些話、決無欺誑眾生。故曰：不誑語者。

如來是「不以乖異邪說惑眾」的世尊！如來從初轉法輪至取涅槃後的末法中宣示最後垂範、演說無量諸經、都是向眾生說同一件事「見性成佛」而已、前說中說後說皆一致。故曰：

不異語者。

● 大乘三藏十二部經：華嚴、阿含、維摩詰、淨名、寶積、楞伽、楞嚴、大般若、摩訶般若波羅蜜（大智度）、法華、彌陀淨土、大般涅槃。

● 楞：心因—四念處↓清淨質直。

● 嚴：心功—四智菩提↓無生法忍。

須菩提！如來所得法、此法無實無虛。

須求無上菩提的佛子們！我如來世尊、所得第一義住阿耨多羅三藐三菩提、是我從無始以來、自所證得、一切十方如來、皆是我分身示現為我的弟子、皆依我授記如來第一義住精進「證成佛果」。

如來第一義住中所見「極樂世界、一切大光明妙相」、乃是由「無相」深入禪定而見「如來四十八願無量智慧的中道實相」；並不是我今於金剛經中所指一切「虛妄迷惑」的邪相。佛門四眾、皆當知此、是故我於金剛經說：「如來所得法、此法無實無虛。」

● 無實無虛：見性而具足如來一切種智、世人眼不能見、故曰「無實」。見性成佛、永出生死、故曰「無虛」。

● 我如來世尊常在經中說：我於某世、在某處、隨某佛、求學佛道。或說：我於某劫於某佛處、得某佛傳法授記。事實上、那皆是用來譬喻求學「佛道」者、所必經的過程。我所說的某佛、某某佛、都是我如來世尊於無量世界中、示現於彼處的「別名」。例如、我今在「娑婆世界」示現、號稱釋迦牟尼佛、然我實是三界內外「永恒的真主宰」無量壽無量光如來世尊。我示現「涅槃相」、是為了令一切眾生、依末法宣示第一義住見性修行、得見「我宇宙至尊主宰」的「真實法身」、不欲眾生因知我真實身份、又得見我身、而有所依賴、百般需求、而不修第一義諦、不求佛果、而不能返極樂佛國出生死、是故我示現「取大涅槃」、使眾生修第一義、成就無上正覺。

須菩提！若菩薩心住於法而行布施、如人入闇、即無所見。若菩薩心不住法而行布施、如人有目、日光明照、見種種色。

須求無上菩提的佛子啊！若有真心修行「菩薩道」的行者、已發志求無上佛道的心、但卻執著於我如來世尊說法華第一義住之前四十七年所說「八萬四千」權宜小法、堅不信受我如來世尊於末法世再為授記的無上法藏、修行於「權宜諸小法」執而不捨、譬如「人入暗室」、立即一無所見、而永無所見。

時下佛門「出家、在家」四眾、皆以「法執」自縛而不自知、謂我如來世尊入末法世再為授記大乘無上法藏無憑無據、必須「眼見為實」、著於「色相」墮「見思惑」、迷而不覺。你等豈知、如來佛道經藏大多由「像法期」始傳入中國、譯經諸法師、亦不能盡將「如來實語」、全部譯出漢文之中、佛門四眾豈可一再執著於「眼見為實」的見思惑、自謂「已發菩提心」呢！是故我如來世尊於金剛經中說：「若菩薩心住於法而行布施、如人入闇、即無所見。」

若有修行「菩薩道」的行者、發志求無上佛道的心、能不為「法執」所縛、而能依如來於末法中再為授記的佛說觀無量壽佛經真實相真實義、精進修行、於思惟諦觀、入于禪定三昧、如人有眼、先見第一觀的「日光三昧」、依序成就、見我如來世尊「極樂世界」、及我如來世尊「真實法身」。又見觀音勢至二大士「真實法身」、又見十方一切如來「法身」、成就「如來神通智慧」、以「五眼六通、徧見、徧知」三界一切眾生「果報生處」、證「如來十力」、「如來一切種智」。

(一)知「是處、非處」智力。(能自覺、覺他、無上智力)

(二)知「過、現、未來」「業報」智力。(宿命通、天眼通)

(三)知「諸禪、解脫三昧」智力。(能自覺、覺他、無礙大智)

(四)知「諸根、勝、劣」智力。(他心通、宿命通、而能量根施教行化)

(五)知「種種解」智力。(他心通、知眾生之喜惡、而施教化)

(六)知「種種界分」智力。(他心通、宿命通、知眾生之種類以神足通、天耳通、而施教化)

(七)知「一切、至處道」智力。(宿命通、知眾生未來的宿命)以(神足通、能入其境而施教化)

(八)知「天眼無礙」智力。(證天眼明)

(九)知「宿命無漏」智力。(證宿命明、漏盡明)

(十)知「永斷習氣」智力。(證無生法忍、成等覺菩薩、再究竟「無生忍」而成佛。)

以證「如來十力」、所謂「正徧智、正等覺、無生法忍、漏盡三明」、證「佛果」大般涅槃。是故我如來世尊、於金剛經中說：「若菩薩心不住法而行布施、如人有目、日光明照、見種種色。」

須菩提！當來之世、若有善男子善女人、能於此經受持讀誦、即為如來、以佛智慧、悉知是人、悉見是人、皆得成就無量無邊功德。

須求無上菩提的佛子們！我如來世尊「取大涅槃」兩千五百年後的「末法世」、我必當親臨人間。其時若有俗家的善男子、或俗家的善女人、能於此大乘金剛般若波羅蜜經、受（領納於心）、持（憶念不忘）、讀（深解實義）、誦（發大悲心為一切眾生演說金剛般若波羅蜜經真實義）。這個「俗家」的人、即是我如來世尊將「佛道」無上智慧「第一義住」以「正徧知」授記給他的人。此人即能盡知「如來大智慧功德海」無量妙義；此人即能盡見四十八願淨業所成「無量無邊大智慧功德海」、並盡見窮三際、遍十方一切眾生的十二因緣、以見性故而明心、證無生法忍而成佛。

這個人、即是我如來世尊遣來的「僧寶」、他已經具得我如來世尊授記如來第一義住、完成了「如來四十八願無量義」這一部、在三界中第一希有見性成佛的寶藏、「如來最後垂範‧首楞嚴第一義諦‧觀無量壽佛四十八願無量義禪經」。一切眾生、應捨「著相」之心、恭敬啟請、依法修行、皆能成就無上佛果。是故我如來世尊於金剛經中說：「當來之世、若有善男子善女人、能於此經受持讀誦、即為如來、以佛智慧、悉知是人、悉見是人、皆得成就無量無邊功德。」

● 當來之世：如來世尊在此以密語暗示眾生「如來於末法世必當親自再臨人間」教化眾生、世尊再臨到人間的時候、叫作「當來之世」。

●觀無量壽佛經是世尊住世之時、為法華第一義「開權」的大乘經典；如來最後垂範首楞嚴第一義諦觀無量壽佛四十八願無量義禪經是世尊於摩訶般若波羅蜜經、金剛經、楞嚴經、無量義經、大乘妙法蓮華經、大般涅槃經等大乘經典中預言、如來於末法世遣阿難尊者入世為凡夫、世尊再親臨人間以正徧知授山海慧、令山海慧為末世眾生「顯真實相、釋真實義」教諸人天住第一義「見性成佛」的無上法藏。

持經功德分第十五

如來世尊於此明示：末法世、若有人能以如來真實智慧註解金剛經並著作如來最後垂範而為人演說者、其人即是荷擔如來家業的住世三寶尊。若有眾生能深信不疑、深行見性而不退轉的人、功德亦復無量無邊；傲慢樂小法之人則不信受佛語、更不修行。故曰：持經功德分。

須菩提！若有善男子善女人、初日分以恆河沙等身布施、中日分復以恆河沙等身布施、後日分亦以恆河沙等身布施、如是無量百千萬億劫、以身布施。

須求無上菩提的佛子們！若有俗家的善男子、俗家的善女人、於太陽初出的早晨、以如印度這條恆河中無量沙數、甚多無數的身體（指自己的身體）、捐贈「血液、器官」、及將「骨肉」全部餵食一切飢餓的眾生、或以自身為一切須要幫助的人、服勞役；於太陽至天中的「中午」、亦以如印度恆河沙數、自己的身體、如早晨時、那樣布施；又於「夕陽黃昏」的時候、亦以如印度恆河沙數、自己的身體、如早晨時、那樣布施。每日都是這樣布施、累積至於無量百千萬億大劫（一大劫是人間歲月、十三億五千零五十六萬年）、每日如是以自己無數的「身」「命」布施。

• 我們所居住的地球、若以西元二〇〇七年來計算壽命、從前次空劫至今、已將屆滿三大劫、地球的壽命已有四十億五千一百六十七萬九千九百零九年、到西元二〇九八年為四十億五千一百六十八萬年、住劫已盡、那年的秋天、即進入壞劫。壞劫亦一大劫、之後進入空劫、空劫亦一大劫、之後又進入成劫。

若復有人、聞此經典、信心不逆、其福勝彼、何況書寫受持讀誦、為人解說。

假使有人、看到或聽人演說這部金剛般若波羅蜜經真實義、能生起大信、不謗金剛般若波羅蜜經的真實義、不譭謗於如來於末世中再為授記的第一義住佛說觀無量壽佛四十八願無量義禪經、能依法見性修行的人、其人所得福德、勝前以「自己無數身命」布施百千萬億劫的人。何以故?以無量身去替人長期服勞役或去救人、亦不免續再生死、於每次生死中都免不了無量苦隨身;見性明心的人、必無來世的生死、他雖沒能力在人間作義工、但卻因超生死而免輪迴之苦、故而曰「其福勝彼」。

更何況是以「清淨心」書寫註釋金剛經、於此經中章句、受（領納於心）、持（憶念不忘）、讀（深解真實義）、誦（口唸金剛經）、並廣為人解說金剛經中的「真實義」、其人福德不可限量。

須菩提！以要言之、是經有不可思議、不可稱量、無邊功德。如來為發大乘者說、為發最上乘者說。若有人能受持讀誦、廣為人說、如來悉知是人、悉見是人、皆得成就不可量、不可稱、無有邊、不可思議功德。如是人等、即為荷擔如來阿耨多羅三藐三菩提。

須求無上菩提的佛子們！我如來以非常鄭重的話來告訴你們、如來第一義住那一部經典、有意想不到、其義奧妙、高深莫測、讚歎不盡、無量無邊功德！

我如來世尊為志求大乘佛道的人、說金剛經與第一義諦、為志求最上乘佛道的人、說金剛經與第一義住。

如果有人、見此金剛經、能生起大信、於此經中章句、受（領納於心）、持（憶念不忘）、讀（研解實義）、誦（口唸經文）、並能自發「大悲願力」、廣為一切人演說金剛經真實義者。我如來世尊當以「正偏知」無量智慧、入其人「清淨心」中、令其具得金剛般若波羅蜜經一切真實妙義、使其盡知如來無量無邊大智慧海一切功德、盡知見性成佛之道；使其人盡見如來四十八願大智慧海中、無量無邊大智慧功德、亦盡見窮三際徧十方一切眾生十二因緣、以盡知盡見故而圓明真如本心、證無生法忍、究竟無生忍而成佛、永出生死！使他據此度脫無量有緣眾生、成就「不可稱量、無邊不可思議」的功德。

那個人、就是肩上擔負著我如來世尊「如來無上正智正等正覺、自覺覺他覺行」使命、是我如來世尊遣在人間的「僧寶」。欲求超脫「三界生老病死海」的眾生、皆當恭敬尊重、皈依修行、不可執取於「相」、以貌取人、切莫認為現出家相、剃度的人、才是如來傳承的「僧寶」。

● 僧寶：自心清淨質直、依如來願力、自性自見、念念真如、通達無礙；一切塵勞愛慾境界、自性皆不染著；以平等智、自覺、覺他、覺行圓滿、名為：僧寶。僧寶即法寶、亦即是佛寶也。

● 法寶：謂真善知識、能持如來本願見性正法、自性自見、於八正道自性、通達無礙、名為：法寶。

● 佛寶：謂真善知識、自性自見、無礙無著、深觀覺智明了、證無生忍、清淨法身、自覺、覺他、覺行圓滿也。

何以故？

這是什麼緣故呢？因為「末法世」時、若「僧寶」現「出家相貌」、只能度「佛門中某一小派」的信眾、無法「普度」人間一切族群眾生、是故我如來世尊於末法時、遣菩薩摩訶薩、生身於人間、與一切凡人同其事業、而實是「僧寶」、能以「四攝法、四無所畏」、將「如來第一義諦」向十方眾生作獅子吼、喚醒十方一切「在生死海中」的眾生、登「如來艦」到「佛」彼岸！唯有能捨著心、能依循我如來世尊再為授記的如來最後垂範首楞嚴第一義諦觀無量壽佛四十八願無量義禪經修行、精進於「如來四十八願無量義中道實相」的人、才能以「凡夫之身」、成就阿耨多羅三藐三菩提、這樣修行的人、才是真正的「乘佛本願」、真正的大慈大悲。因為成就「佛道」之時、這些人都能依「如來四十八願」、以「法性身」、入十方界、以「第一義諦」救度「二十五有」一切苦難眾生、是故我如來世尊於金剛經中說：「如是人等、即為荷擔如來阿耨多羅三藐三菩提。」

● 四攝法：如來世尊以「慈悲、愛語、利行、同事」四德、攝化眾生、使歸正覺也。

(一) 慈悲：慈謂不求回報的利他；悲謂見人之苦、如己之苦、見人受難、如己受難、事事同理心、誓相救拔也。

(二) 愛語：謂真實不虛而關愛的語言。

(三) 利行：謂利益眾生的梵行。

(四) 同事：謂示現同人法而行教化。同人法即是與世俗凡夫同其事業也。

● 四無所畏：

(一)一切智(於自性中密行如來一切種智)無所畏。

(二)漏盡(永超三界、不入六道二十五有生死輪迴)無所畏。

(三)說障道(對不如法的行者、不正確的邪說、加以勸說、甚至訶責舉處)無所畏。

(四)說盡苦道(向大眾演說出離生死的無上大道)無所畏。

須菩提!若樂小法者、著我見、人見、眾生見、壽者見、即於此經、不能聽受持讀誦、為人解說。

須求無上菩提的佛子啊!若執著於「八萬四千權宜有為小法」的人、深著「我、人、眾生、壽者」一切邪見。惡驕懈怠及邪見之人、未得見性第一之法、自謂已得。未證明心第一之理、自謂已證。見聞此金剛般若波羅蜜經真實義、不但不能聽受、不肯研讀、不肯為人解說。

● 我見：認自身四大是我、貪生怕死、執於「所知見」慣高我慢。

● 人見：心存憎愛、意不均平、分別、執著、常掛於心。

● 眾生見：起雜亂心、念念常隨世心流轉、不求解脫出三界生死。

● 壽者見：心識不忘、業種常萌、不悟無生真空實性、常隨心境意識流動、迷而不返。

● 我相、人相、眾生相、壽者相：詳見書後註解。

須菩提！在在處處、若有此經、一切世間天人阿修羅、所應供養。當知此處、即為是塔、皆應恭敬、作禮圍遶、以諸華香而散其處。

須求無上菩提的佛子們！不論在任何處所、若有此大乘金剛經真實義的處所、一切三界中的諸天、人、阿修羅、龍眾八部、及與天魔、都必須供養。應當知曉有金剛般若波羅蜜經真實義之處即有如來舍利全身。其處、即是我如來世尊的七寶塔廟、三界中、一切諸天、人、阿修羅、龍眾八部、及與天魔、皆應供敬、合掌頂禮圍遶、以諸香花財寶、供養其處、護衛其修行者。

● 即為：立即在自性中以四智菩提建立。「即」謂立即。「為」謂建立。

● 是塔：謂妙法蓮華經見寶塔品的多寶佛塔。佛意指行者需在自性中從「日觀、水觀、寶地觀……」依次見性修行也。

● 自性：謂自己清淨光明靈敏的「潛意識」是也、此即「佛性」是也。

● 圍遶：謂於「色、質、遠、近、前後左右、上下內外、明暗虛實、晝夜」恒諦觀清楚、令得佛五眼一體同觀、無礙大智。

● 華香：謂以誠敬的心奉獻財寶。

能淨業障分第十六

世尊於此段、先說因果與除滅罪法。再說必需覓真善知識求乞無上佛道、不可起妄想分別執著、當面錯過因緣。若有緣得遇、當如法見性、證清淨法身、永斷絕業報、脫生死輪迴。世尊在觀無量壽佛經曰：此經、名「觀極樂國土無量壽佛、觀世音菩薩、大勢至菩薩」。亦名：「淨除業障、生諸佛前」。若人能不退轉而修行、必能淨除業障、生如來前、故曰：能淨業障分。

復次、須菩提！若善男子善女人、受持讀誦此經、若為人輕賤、是人先世罪業、應墮惡道、以今世人輕賤故、先世罪業、即為消滅、當得阿耨多羅三藐三菩提。

今再為說明、須求無上菩提的佛子們！若是有俗家善男人、或俗家善女人、能信受、修持、研解實義、演說、金剛般若波羅蜜經真實義、若是被世人輕視、賤辱、這個人就是因為「前世」造下罪業、「來世」應墮惡道、因「今世」自為修行、而被今世之人、輕視賤辱、所以「前世」一切罪業、即得消滅。此人今世、若能依如來第一義住修行精進不退轉、我如來世尊於金剛經中授菩提記、此人「於此一生」必得成就「如來無上正智正等正覺」證金剛不壞清淨法身、永脫生死輪迴業報。

須菩提！我念過去無量阿僧祇劫、於然燈佛前、得值八百四千萬億那由他諸佛、悉皆供養承事、無空過者。

須求無上菩提的佛子們！我如來世尊說：我自己於過去無量阿僧祇劫、在然燈佛前、得遇八百四千萬億兆諸佛。我於當時、同時全部供養一切諸佛、並皈依於一切諸佛、為其弟子、沒有一個「佛」我不為其弟子不供養的。

為什麼我既然拜然燈佛為師、同時又拜「八百（具足八正道）四千（四智菩提布滿三千大千世界）萬億兆（行布施波羅蜜而具足無量無邊無數波羅蜜）諸佛（的大覺者）」為師？這就是在譬喻「末法世」一切眾生、若要求學無上佛道、絕不可認為自己現在已經歸依於「某一位知名大法師」為其弟子、已經「很了不起」了、就不再向其他的「善知識」起恭敬心求學佛道、更看不起在家「居士」行者、生起「我、人、眾生、壽者」一切邪見邪慢。一切眾生、必須學習我如來世尊、雖然歸依於很有名的「然燈佛」、而於其他「真善知識」、我亦恭敬供養、為其弟子。末法時、人間的一切眾生、能不起「邪見」「邪慢」、方能「得遇良師」授受無上法藏、修成「佛果」。

若復有人、於後末世、能受持讀誦此經、所得功德、於我所供養諸佛功德、百分不及一、百千萬億分、乃至算數譬喻所不能及。

如果有人、於我涅槃二千五百年後、末法之世、能起大信、領納真實義於腦海（心）中、憶念修行、研解實義、演說金剛般若波羅蜜經真實義者、其人所得的功德、若與我如來世尊所「供養諸佛」的功德相比較、我如來「供養諸佛」的功德、不及於「末法世」時這一個演說金剛般若波羅蜜經真實義的人、百分之一、甚至不及其千萬億分之一、乃至算數譬喻所不能及！

為什麼呢？即使將所有的佛都拜過、供養過、若不求佛法、也只種下來世福報、不能出生死消業報；來世雖享福、但是災難還是難免；與受持讀誦金剛經了生死的功德相比、實是無法可比喻！

須菩提！若善男子善女人、於後末世、有受持讀誦此經、所得功德、我若具說者、或有人聞、心即狂亂、狐疑不信。

須求無上菩提的佛子啊！若俗家善男子、俗家善女人、於我涅槃兩千五百年後的末法世。有起大信、領納修行、恭敬憶念、研解實義、演說金剛般若波羅蜜經真實義者、其人所得功德、我如來世尊若全部說出來、會有已具七種慢的人、聽聞之後、更增「我慢」、更增「增上慢」、更增「卑劣慢、邪慢」、瞋恨嫉妒彌漫於心、以致喪智發狂、狐疑不信、謗佛正法、死墮惡道、斷一切世間佛種、是故我如來世尊、不具說其功德。

- 七種慢、我慢、增上慢、卑劣慢、邪慢：詳見書後註解（七種慢）。

• 斷世間一切佛種：謂毀謗如來第一義見性正法者、死後於無量大劫中、皆在三途惡道之內、永遠不能生於有佛法之處、若其處有佛說法者、其人必狂聾闇瘂、永不能聞法、不能出惡道也。

須菩提！當知是經、義不可思議、果報亦不可思議。

須求無上菩提、一切佛門四眾、皆當知曉、我如來世尊所遣使者、所成就的金剛般若波羅蜜經真實義與如來第一義住佛說觀無量壽佛四十八願無量義禪經、所解妙義不可思議！其人果報亦不可思議！如法見性而明心的人、果報亦不可思議！

究竟無我分第十七

眾生貪樂八萬四千有為小法、謂一一諸法皆佛所說、修其中任何一法、佛必度往西方作佛、生此邪見、迷而不返。世尊於此段中分別真假而破之、告知四眾、若能以「四念處」悟「身、心、性、法」皆空、以「四智菩提」循「如來本願」見性、究竟無我、離一切相、即是「如來面目」。故云：究竟無我分。

爾時、須菩提白佛言：世尊！善男子善女人、發阿耨多羅三藐三菩提心、云何應住？云何降伏其心？

那時候須菩提尊者「再次的」對釋迦牟尼佛啟請說：如來世尊！您取大涅槃後、一切俗家的善男子、善女人、自發志求「如來無上正智正等正覺」的無上道心、要如何修行禪定？要如何降伏一切「見思、生死、無明」之惑呢？

•見思、生死、無明之惑：詳見書後註解。

佛告須菩提：善男子善女人、發阿耨多羅三藐三菩提心者、當生如是心、我應滅度一切眾生、滅度一切眾生已、而無有一眾生實滅度者。

釋迦牟尼佛告訴須求無上菩提的佛子們：我滅度後、一切俗家的善男子、善女人、自發志求「如來無上正智正等正覺」無上道心的佛子、應當如法藏比丘誓立大願力、循佛願力由自心起四智菩提諦觀法藏比丘願力所成無量無邊功德莊嚴的極樂世界、如我佛於華嚴半偈經曰：「若人欲了知、三世一切佛、應觀法界性、一切惟心造」。此半偈經即是教諸眾生、於自心中生起如來法界性與四智菩提心見性也。

我今必須依如來第一義住見性修行精進、度盡自性八識田中一切見思生死無明眾生、成就阿耨多羅三藐三菩提、證得如來十力、四無所畏、三明六通、以如來無量智慧神力、入無量世界、以「第一義諦」教化一切眾生、令皆成就阿耨多羅三藐三菩提。

當自性中一切眾生皆得滅度、證無生忍、成就佛道佛果時、自身之外畢竟沒有一個眾生、是「我以智慧神力」度脫他的。

• 滅度：謂滅盡自性中無明塵沙妄惑、身心寂靜、證無生忍、永離生死、到佛彼岸。

• 因為如來不以神力度脫眾生、我們亦只能自性自度、而沒辦法度脫身外六道一切眾生、只能如佛陀將自覺無上佛道、平等分享給深信又能不退轉的人。使他亦能度盡自心中「邪迷心、誑妄心、不善心、嫉妒心、惡毒心、憤高心、輕慢心、人我心、貪愛心、執著心⋯⋯」等無量無邊眾生。

• 大慈大悲的地藏王菩薩、祂的旁邊有一個對聯曰：「眾生度盡方證菩提、地獄未空誓不成佛」。這對偈語是在警告眾生曰：「你們無量無數無邊自心眾生、如果能由見性自己度盡、才能證不生不滅無上菩提。你們十惡之念與行為、若不由見性證悟無生法忍而盡斷盡除者、我菩薩發誓、任何人都不能成佛」。有智慧的人啊！你該覺悟了吧！

何以故？

這是什麼緣故呢？因為一切眾生皆是自發菩提心、依如來第一義住「見性」修行精進、證無生忍得成「佛果」的、並不是「我以智慧神力」把他們「超度成佛」的啊！既是「滅度一切眾生已」、為何又說「而無有一眾生實滅度者」呢？因為要出生死、只有自心自度自性自度、非是法師度、亦非是佛來度啊！若不自心自度自性自度、天天癡心妄想等佛來度、無有是處！

須菩提！若菩薩有我相、人相、眾生相、壽者相、即非菩薩。

須求無上菩提的佛子們！若發心修行「菩薩道」的行者、執著於「我相、人相、眾生相、壽者相」。執取於「八萬四千法」、執著於「色聲香味觸法」等一切見思惑、生死惑、無明惑諸惑。即不能稱為「發心修行『菩薩道』的行者」、不能成就「菩薩道果」、更不能成就「佛果」。

● 這個時代、這種癡人到處都有、他們自認為是見性成佛的活佛、所講經法、都偏離如來真實義。於佛所教化的最後垂範、全不信受、又加毀謗。是故世尊曰：菩薩有非相的四相、即非「菩薩」。

- 菩薩：能自覺、又能覺有情（覺他）的智者。
- 我相、人相、眾生相、壽者相：詳見書後註解。

所以者何？

為什麼我如來世尊這樣說呢？因為行者若自發心精進於如來第一義住、見性明心、成就佛果、是名「自覺」。以自覺所證如來第一義住平等教化眾生、使皆成佛果、是名「覺他」。「自覺、覺他」永不終止、是名「覺行」。以其人有「無緣大慈、同體大悲」的「無我」精神、才能成就自覺、覺他、覺行、三覺圓滿的「佛道」「佛果」、才能成就「如來十號」威德。

若是行者、認為自己若「成佛」之後、以第一義住教諸眾生、令皆成就佛果、認為「眾生成佛」是因為「他個人」以「神力」使眾生「成佛」的、那就已經「著於諸相、諸惑」、那就已「產生驕慢」、不能成就無生法忍了。既不能證「無生法忍」就是六道中的眾生了、怎能稱為菩薩呢？更有許多癡人、天天忙著幫人助念、誦經超度、全不在自心自性下四智菩提之種、不覓見性成佛之法。不修第一義之道、常自憤高我慢、謂一切眾生若死了、只要請他去誦經超度、亡魂就一定能生西作佛。這種愚頑狂徒、不知自己已犯了裨販如來（出佛身血）的五逆重罪、死後必墮地獄、何能為人超度？

須菩提！實無有法、發阿耨多羅三藐三菩提心者。

須求無上菩提的佛子們！任何菩薩實際上並沒有什麼「法」可使一切眾生「發如來無上正智正等正覺」的無上道心。世尊三轉法輪僅是以「八萬四千權宜有為法門」、引導眾生修習戒定慧、使一切眾生知有「如來無上正智正等正覺」的佛道佛果、可免輪迴於生老病死海、可免受無量苦、使一切眾生覺悟三界是大苦、而發志求「無上佛道」的「菩提心」、然後把如來第一義住見性無量妙義授與之修行。因此、眾生見性修行「成佛」、都是「自己覺悟而成佛」、不是佛以神力使他「成佛」的。所以我如來世尊在金剛經中說：「滅度一切眾生已、而無有一眾生實滅度者。若菩薩有我相、人相、眾生相、壽者相、即非菩薩」。

須菩提！於意云何？如來於然燈佛所、有法得阿耨多羅三藐三菩提不？

須求無上菩提的佛子啊！你認為如何？我如來世尊真的有在然燈佛說法的道場拜然燈佛為師嗎？然燈佛有教我什麼有為法或使用什麼神力、使我能得成就「如來無上正智正等正覺」的「佛道」「佛果」嗎？

● 世尊於大乘妙法蓮華經、如來壽量品中云：「我實成佛已來、無量無邊百千萬億那由他劫⋯自從是來、我常在此娑婆世界說法教化、亦於餘處百千萬億那由他阿僧祇國導利眾生、於其中間、我說然燈佛等、又復言其入於涅槃、如是皆以方便分別。」我們從上述經文即可知然燈佛即是我們的世尊釋迦牟尼佛示現於他方世界教化眾生的「名號」。

不也！世尊！如我解佛所說義、佛於然燈佛所、無有法得阿耨多羅三藐三菩提。

須菩提回答說：沒有啊！世尊！如今我已了解釋迦牟尼佛所說的「真實義」了！世尊您並沒有在然燈佛的道場拜然燈佛為師、然燈佛並沒有教你什麼法、或以「神力」使您得成「如來無上正智正等正覺」無上佛道佛果。我了解世尊您就是然燈佛、世尊您是以「無相見性之法」得成無上正智正等正覺的！

佛言：如是如是！須菩提！實無有法、如來得阿耨多羅三藐三菩提。

釋迦牟尼佛說：正是！正是！須求無上菩提的佛子、我確實沒有拜然燈佛為師、然燈佛確實沒有用什麼神力或教我什麼有為法、使我如來世尊得到「如來無上正智正等正覺」的佛道佛果。我釋迦牟尼佛是以「見性實相、無為法」在自性中見性密行、悟無生法忍、究竟無生忍而證得阿耨多羅三藐三菩提的啊！

● 實無有法：謂見性實相、無為法。

須菩提！若有法、如來得阿耨多羅三藐三菩提者、然燈佛即不與我授記：「汝於來世、當得作佛、號釋迦牟尼」。以實無有法、得阿耨多羅三藐三菩提、是故然燈佛與我授記、作是言：「汝於來世、當得作佛、號釋迦牟尼」。

須求無上菩提的佛子啊！若有「神力」或有為法可使我如來世尊得成「如來無上正智正等正覺」的佛道佛果；那麼、然燈佛就不再以「正偏知」自我「證實確定」：「你必須到人間受身一次、在那時候亦必當成就佛道佛果、你自己來世成佛的名號、就稱為釋迦牟尼佛」。

因為實在沒有什麼有為法或「神力」可以輕易的得到「如來無上正智正等正覺」的佛道佛果；而是必需以「見性實相、無為大法」才能證果成佛。因為這個緣故、然燈佛自己以「正偏知」自我「證實確定」、對自己說：「你必須到人間受身一次」。在那時候自己必當成就佛道佛果、你自己來世成佛的名號、就稱為釋迦牟尼佛。

• 授記有四事義：
(一) 授法：授與見性成佛的正法眼。
(二) 預言：預告當於何時間、證道成佛及其劫之名、其國之名。
(三) 敕封：封賞成佛的佛號及如來十號。
(四) 證實：證實成佛的果位與教化之多寡、教化時間之長短。

• 釋：解脫自在。

• 迦：偏滿、無量、無邊、無礙無著。

• 牟尼：光明如意、隨心化現無量眾寶、具足如來一切種智、恣意化形、心想事成。

●佛：不生不滅、金剛不壞、清淨法身。

何以故？如來者、即諸法如義。

這是什麼緣故呢？我如來世尊、無量劫前早已成就「如來無上正智正等正覺」無上佛道佛果、我是「無所從來、亦無所去」永恆存在、永不變易、不生不滅、萬能全能的宇宙主宰。

我今示現娑婆界中、即是要來教化一切正心深信吾語的眾生、離三界一切有為諸法、修行見性如來第一義住成就佛道佛果而來的。一切眾生皆當以「惟心、惟識」依如來教菩薩法「第一義住」佛說觀無量壽佛四十八願無量義禪經於自性中見性自修成佛、不可妄想我如來世尊會以「神力」超度你們到極樂世界去「作佛」。如來於無量世界分身示現、假名易號教化眾生、這就是金剛經的如來實義！

若有人言：如來得阿耨多羅三藐三菩提。須菩提！實無有法、佛得阿耨多羅三藐三菩提。

如果有人說：我如來世尊是因為有然燈佛的「神力」的幫助、或修八萬四千有為法、才能得到「如來無上正智正等正覺」的佛道佛果、那就錯了。

須求無上菩提的佛子們！實在是「沒有什麼神力」來幫助我釋迦牟尼佛、也不是八萬四千有為法；而是在見性實相的無為法中才有如來一切種智、使我成就「如來無上正智正等正覺」無上佛道佛果。實際上、只有在自性中、密行見性實相的無為法、才能成就無生忍、證阿耨多羅三藐三菩提。

- 實：見性實相。
- 無：無為法。無：應無所住。

● 有：依循如來四十八願、於自性中起四智菩提、即有如來一切種智。有：而生其心。

● 法：如來自證無為、無相、無礙、無著、不生不滅之無上覺道。

須菩提！如來所得阿耨多羅三藐三菩提、於是中無實無虛。是故如來說一切法、皆是佛法。

須求無上菩提的佛子啊！我如來世尊自所證得的「如來無上正智正等正覺」無上佛道佛果、是由於以四智菩提循佛宿願力修行如來第一義住中道實相、於「見性實相」之中、無實無虛、妙義無窮、由於無量妙義、會歸於一「中道實相、真、空、之理」、即是「如來法身究竟所住之處」、是故名為「如來第一義住中道實相」。

因為這個緣故、我於末法世宣說第一義住前所說「八萬四千一切法門」、全部是我釋迦牟尼佛用來啟發眾生、修行末法中「再來授記佛說觀無量壽佛四十八願無量義禪經如來第一義住中道實相」的「權宜」法門。末世示教最後垂範、由見性明心而具足一切種智、三明六通、大般涅槃的無量義一切善法、才是真佛法。

● 真：謂不偽不虛。

● 空：謂含藏萬籟而虛寂、事物偏滿而無礙無著。謂之「空性」。

● 之理：謂顯萬象萬事而無形質可拘執捉拿。如來法性、無所不現、無量無數無邊、無際、無不具足顯現照了、無所不知、無所不能、無礙無著、不空不即、智鏡圓通而得解脫。此即是「如來不生不滅、金剛不壞清淨法身」究竟所住之處。

● 無實：謂他人以肉眼不能見、以身手不能接觸捉提。

● 無虛：謂具足如來一切種智、三明六通、證大般涅槃、妙用無窮。

須菩提！所言一切法者、即非一切法、是故名一切法。

須求無上菩提的佛子們！我如來世尊於此之前四十七年當中所說「八萬四千」一切權宜小法、並不是能成就「如來一切種智慧」的「第一義住」不二法門、因為這樣才稱「八萬四千法」名為「一切法」。

如來今所言者、謂末世宣示的最後垂範中「所有一切思惟諦觀」見性之法；即非八萬四千權宜有為小法的一切法；以此緣故、才將最後垂範「見性」的正法眼、稱名為「一切法」。讚佛偈中云：「一切法常住」、即是指見性的正法眼藏也。

須菩提！譬如人身長大。

須求無上菩提的佛子們！譬如為「人的身體、廣長高大」。

須菩提言：世尊！如來說人身長大、即為非大身、是名大身。

須菩提回答說：世尊！釋迦如來於此經中、已經有說「人的身體廣長高大」、並不是指說「人類」的長大身體。而是指說諦觀「無量壽佛」無量無盡無邊光明相好莊嚴的「法界身」、名為「大身」。

須菩提！菩薩亦如是、若作是言：我當滅度無量眾生、即不名菩薩、何以故？

須求無上菩提的佛子啊！「菩薩」也是一樣。如果有菩薩說：「我是以神力度脫二十五有無量眾生、使眾生成佛；眾生必須依靠我的神力相助才能成佛」。這個菩薩就不能稱為「菩薩」、為什麼呢？

須菩提！實無有法、名為菩薩。是故佛說一切法、無我、無人、無眾生、無壽者。

須求無上菩提的佛子們！循如來四十八願、依四智菩提而於見性實相、無為法中、有如來一切種智、是故能斷一切「欲」、離一切「相」、淨盡一切「惑」、因見性而證「無生法忍」、確實沒有「法執」「法相」的菩薩、才能稱為「菩薩」。

就是這個緣故、我釋迦牟尼佛四十七年以來、演說「八萬四千一切法門」、全部都是在引導眾生、趣向於「如來第一義」。而八萬四千一切諸法、都是在說：

無我：淨除「我相」。淨除我執、我見、法執、法相、貪、瞋、嫉妒、等一切「無明諸惑」。

無人：淨除「人相」。淨除分別為他、起諸對立與愛染。眼耳鼻舌身五根、於色聲香味觸五塵、分別男相女相、起諸貪著愛染、迷而不覺、漏落生死、是為「思惑」與「生死惑」。

無眾生：淨除「眾生相」。淨除「非法相」、即計斷、計有、計無、及執於「眼耳鼻舌身意」等六根所能觸染一切「有為」的修行、是為「三界見惑」、與「欲界思惑」。

無壽者：淨除「壽者相」。淨除外道「計常」之「非法相」、即求人間長壽富貴、或以「求生諸天」為「天王、天神」等為「常住」之法、不求出離三界生死海、輪迴六趣而不知覺、是為「三界見惑」。

我如來世尊演說「依諦諸經」八萬四千法門、一一皆為引導眾生、漸漸淨除「我人眾生壽者」等、一切「見思生死無明諸惑」。我如來世尊、先以八萬四千法門權宜之法、令一切眾生修行、使遠離「一切相、一切惑」之「因」。待善根純熟時、再授與如來第一義住佛說觀無量壽佛四十八願無量義禪經見性無上正法、令一切深信佛語的有緣眾生、深心修行、專一見性精進、即能斷盡「一切相、一切惑」之「根」、成就阿耨多羅三藐三菩提、得「無生忍」、永證於「大般涅槃」。

- 菩薩：謂能自覺覺他（覺有情）的大善知識。
- 五濁惡世、眾生之身猶如火宅、如來以實語疾呼、引之令出、以避其難、信者即離諸火厄、不信者於中焚燒致死、其死非如來之過也。
- 今此濁惡之世、天災人禍接踵而至、「生老病死」大海、狂濤洶湧、一切眾生於「生」「死」海、驚險萬狀、我如來世尊大悲哀愍、此時遣一弟子生於人間、嚐受人間貧窮疾苦一切煩惱、機緣時至、我以「正徧知」入其「清淨心中」授記第一義住佛說觀無量壽佛經真實相真實義見性無上法藏、作為苦海中「堅固的大艦」。完成之後、我再以「正徧知」入其「清淨心中」、授記金剛般若波羅蜜經真實義、作為「到佛彼岸」導航的「燈塔」。以我如來所遣這一位身嬰百病諸有的「凡夫」、作為「船師」。駕著如來堅固的大艦、於生老病死海中、處處撒下救生之梯、引諸眾生、登上如來堅固的大艦、藉著導航的燈塔、航行到「佛」彼岸。今起「一百年」之中、一切眾生皆當精進修行！把握西元一九九七年至西元二〇九八年之內、急速精進、永脫輪迴。

• 告諸一切眾、如來所遣的「船師」、已駕著如來堅固的「大艦」、臨到你的身邊、撒下救生之梯。信者上船、不久即到「佛」彼岸；不信者、沈淪於惡世生老病死海、沈沒致死、非「船師」之過也、亦非「我如來世尊」之過也！

須菩提！若菩薩作是言：「我當莊嚴佛土」、是不名菩薩。何以故？如來說莊嚴佛土者、即非莊嚴、是名莊嚴。須菩提！若菩薩通達無我法者、如來說名真是菩薩。

須求無上菩提的佛子們！若修行「菩薩道」的菩薩說：「我應當向大眾募捐金銀七寶、建設廣大華麗的佛寺廟、使之金碧輝煌、極盡莊嚴。將佛寺院作為觀光事業、引導眾生來拜佛。」這種「著於色相」修行的「假法師」、不能稱為「菩薩」。

這是什麼緣故呢？我如來世尊所說、菩薩當以七寶莊嚴佛土、是指以「惟心、惟識、四智菩提」修行見性的如來第一義住、於「思惟」極樂世界的一切功德、入于「禪定」、在「三昧」中正受我如來世尊四十八願所成就的七寶莊嚴佛土；並不是教諸四眾募捐金銀七寶、用來建設富麗堂皇的佛寺院給人觀光、讓人認為寺廟建築得很雄偉華麗、很莊嚴；能深心見性修行如來第一義住、正受我如來世尊七寶所成就無量莊嚴的極樂世界、才叫做「莊嚴佛土」。

須求無上菩提的佛子們！若有修行「菩薩道」的行者、通達於「無我」「無為」「惟心」「惟識」「四智菩提」「見性」的如來第一義住無上法藏、自性自見、隨緣普化眾生者；我如來世尊說這個人才是「真實的菩薩摩訶薩」。

一體同觀分第十八

世尊於此段中、明確的說：「如來法身、五眼一體同觀」；五眼於見性中、亦是一體同觀、千百億心一時同用、而無分秒之差。此言「五眼」而「耳、鼻、舌、身」五識、一時盡攝而同用矣！此惟在「見性」才能顯見顯用、故云：「一體同觀」。

● 五眼：

肉眼：辨識──轉識成智的媒介。

天眼：不空──成所作智──宏觀。

法眼：不即──妙觀察智──微觀。

慧眼：清淨──平等性智──中觀。

佛眼：不離──大圓鏡智──止觀。

須菩提！於意云何？如來有肉眼不？

釋迦牟尼佛問須菩提：你認為如何？我釋迦如來有「肉眼」嗎？

如是！世尊！如來有肉眼。

須菩提回答：是啊！世尊！釋迦如來有「人類」的肉眼。

- 光中能見、強光中不能見、暗中不能見、見前不見後、見表不見裡、受十八界分所限、故名：肉眼。雖是如此、却能轉肉眼之識、成四智菩提之智。
- 十八界分：詳見書後註解。

須菩提！於意云何？如來有天眼不？

須菩提！你認為如何？我釋迦如來有「天眼」嗎？

如是！世尊！如來有天眼。

須菩提回答：是啊！世尊！釋迦如來有「無『色』『質』障礙、不論遠、近、前、後、左、右、內、外、晝、夜、上、下、明、暗、虛、實、都能同時照見」的天眼。天眼乃四智菩提之成所作智也。成所作智、即是「不空之佛性」也。

須菩提！於意云何？如來有慧眼不？

須菩提、你認為如何？我釋迦如來有「慧眼」嗎？

如是！世尊！如來有慧眼。

須菩提回答：是啊！世尊！釋迦如來有「觀一切法皆空、自性中法界性皆平等具足顯現、光明圓滿照見、不見二十五有一切眾生之相、及甚至能滅一切異相異物、捨離諸著、不受一切干擾」的慧眼。慧眼是四智菩提的平等性智也。平等性智即是「清淨之佛性」也。

須菩提！於意云何？如來有法眼不？

須菩提、你認為如何？我釋迦如來有「法眼」嗎？

如是！世尊！如來有法眼。

須菩提回答：是啊！世尊！釋迦如來有「徧觀如來法界性一切諸法、能知能行、而證是道。亦能知一切眾生種種方便門」的清淨法眼。法眼是四智菩提的妙觀察智。妙觀察智即是「不即之佛性」也。

須菩提！於意云何？如來有佛眼不？

須菩提！你認為如何？我釋迦如來有「佛眼」嗎？

如是！世尊！如來有佛眼。

須菩提回答：是啊！世尊！釋迦如來有「具足肉眼、天眼、慧眼、法眼、無不見知、圓明普照、無始劫前、無終劫後、一切事、物、因、果如對目睹、毫毛不失、極遠處佛見至近、極微暗處佛見至為顯明、極堅大處佛見至為清虛、乃至無事不見、無物不見、無事不知、無事不聞、無聲不聽、無意不達、無所思惟、一切徧知徧見」的佛眼。

「佛眼」即是四智菩提的「大圓鏡智」。大圓鏡智即是「不離之佛性」也。佛眼總攝五眼、而具足「不空、不即、清淨、不離」之佛性、而成「清淨法界智」、所謂無量無邊無礙大智、而得究竟無生忍、證清淨法身也。

須菩提！於意云何？如恆河中所有沙、佛說是沙多不？

須菩提！你認為如何？今「印度恆河」中、所有的沙、我釋迦牟尼佛說、這些沙數多不多呢？

如是！世尊！如來說甚多。

須菩提回答說：「是啊！世尊！釋迦如來曾說恆河中沙、確實很多、不可估算數字」。

須菩提！於意云何？如一恆河中所有沙、有如是沙等恆河、是諸恆河所有沙數佛世界、如是寧為多不？

須菩提！你認為如何？像「印度一條恆河」中所有一切沙子、每一粒沙子、都變成一條恆河、這無可計數的恆河中、每一粒沙都變成一個佛的世界、這樣子的「佛世界」算不算很多呢？

甚多！世尊！

須菩提回答：「非常多啊！世尊！」。

佛告須菩提：爾所國土中、所有眾生、若干種心、如來悉知。何以故？如來說諸心、皆為非心、是名為心。所以者何？須菩提！過去心不可得、現在心不可得、未來心不可得。

釋迦牟尼佛告訴須菩提：如前所說、無量無邊諸佛世界的一切國土中、其中「二十五有」一切眾生、有什麼心思心念、我如來世尊同時都能完全知曉。這是什麼緣故呢？我如來世尊所說「一切眾生的心思心念」、及如來在諸大乘經典裡、及這卷金剛經裡所說「發菩提心、發無上心、明自本心、妙明真心」⋯等「心」；並不是指於「胎藏界」一切眾生身體裡面的那一個「心臟」；一切眾生、瞬息萬變的「意念」、我如來世尊說：「眾生的意念」、叫做「心」；更是指眾生清淨質直自性中的「佛性」叫作「自性真如本心」。

我如來世尊為了什麼要說這些事呢？須求無上菩提的佛子們！修行者要空一切相、空一切法。依如來第一義住見性修行的人、從開始修行的那一刻起、必須「放下」瞬息萬變虛妄邪偽的心。「已經過去的意念」不可戀；「當下的意念」不可執；「未來的意念」不可生。時時刻刻守護此心、令心「寂靜安處吉祥」、是名：「持中道慧戒」、才能於「諦觀」中、得「無量義中道實相」了悟無生真空實性、證無生法忍。

• 五眼同觀：即是如來佛道的四禪五部五智。是佛之見性無上乘法、其義深妙、只在一「心」用功夫、只從一「心」入門下手也。

● 佛道四禪：

初禪、謂思惟佛智慧、即是成所作智也。

二禪、謂細觀諦審佛智慧、即是妙觀察智也。

三禪、謂入于中道清淨禪定、佛智自然徧滿、即是平等性智也。

四禪、謂入于止觀金剛三昧、佛智具足徧滿、無礙無著、久視不散、即是大圓鏡智也。

● 佛法五部：

(一) 北方羯摩部：謂成所作智、不空之佛性也、所以成就天眼。

(二) 西方蓮華部：謂妙觀察智、不即之佛性也、所以成就法眼。

(三) 南方寶生部：謂平等性智、清淨之佛性也、所以成就慧眼。

(四) 東方金剛部：謂大圓鏡智、不離之佛性也、所以成就佛眼。

（五）中央灌頂部：謂清淨法界智、圓明無礙之佛性也、所以成就不生不滅、金剛不壞、清淨法身。

●此四禪五部五智、惟在遵循如來願力、見性之中「一真如心」妙用顯露、能開顯潛藏已久的真如佛性、係如來法身究竟所住之處。

法界通化分第十九

世尊在此段、分別解說「佛施大惠於眾生」、而一切眾生「無以回報」;見性聖人於自性中密行「三身、四智、五眼、六波羅蜜、七寶如來」等一切種智、徧滿法界、故云:法界通化。

須菩提!於意云何?若有人滿三千大千世界七寶、以用布施、是人以是因緣、得福多不?

須菩提!你認為如何?如果有人(指宇宙至尊主宰無量壽佛)以裝滿「欲界天、色界天、無色界天、一切世界」的黃金、白銀、琉璃、琥珀、珊瑚、瑪瑙、翡翠、等七寶、施捨與三界中無量眾生。這個人(指宇宙至尊主宰無量壽佛)以這種布施因緣、得到「受惠者回報」的福德、應該是很多嗎?

如是！世尊！此人以是因緣、得福甚多。

須菩提回答：正是！世尊！這個人（指宇宙至尊主宰無量壽佛）以如此布施的因緣、得到「來世的福報與受惠者的回報」、必定非常的多！

須菩提！若福德有實、如來不說得福德多。以福德無故、如來說得福德多。

須菩提！如果確實有得到「受惠者」的回報、我如來世尊即不說這個布施的人（指宇宙至尊主宰無量壽佛）所得福德是無量無邊的；如果他是一般凡夫、若已得受惠者的回報、那麼他也就沒有來世福報可得了！

因為實際上、並沒有一個「受惠者」、能以任何事物、來回報於宇宙至尊主宰無量壽佛、天下的眾生都以為現在自己所享受的福報、都是自己辛苦或巧計得來的、沒人會回報「祂」的。所以我釋迦如來才會說「祂」所得到的福德、是無量無邊的啊！凡是施恩不求報、與人不追悔的布施者、他必定真實能得到很多的福報。

● 無量壽佛施「見性成佛」的大惠給眾生、有緣得遇而不退轉者、即能於自性中以滿三千大千世界七寶、於自性中密行布施波羅蜜、而得六波羅蜜具足、得福德無量無邊、故曰：法界通化。

離色離相分第二十

世尊於此段、以妙語譬喻、教示末法眾生、欲出生死永斷輪迴、必覓已證見性的真善知識；欲覓真明師、必須去除色相的執著、勿以「具足諸相的僧侶」將他們視為必是如來傳承之人、否則難遇真明師、難學無漏法、難證菩提道。末世承傳如來正法的人、是一個平凡的農人、他不現出家相、如來世尊於此示教眾生、不可執著於色相；如果拜錯師、學錯法、白忙一生而無用處。故曰：離色離相。

須菩提！於意云何？佛可以具足色身見不？

須菩提！你認為如何？宇宙至尊「無量壽佛」可以用「人類具足的色身相」窺見的嗎？

不也！世尊！如來不應以具足色身見。

須菩提回答：不可以的！世尊！宇宙至尊「無量壽無量光如來」的法身、不應以「人類具足的色身相」拿來做譬喻、認為可以窺見無量壽無量光如來的法身。

• 世尊與須菩提尊者以密語妙喻「住世三寶」、世人亦不應以「剃度出家、法相莊嚴」的聲聞人來填充！

何以故？如來說具足色身、即非具足色身、是名具足色身。

釋迦牟尼佛說：這是什麼緣故、你知道嗎？我釋迦如來說「無量壽佛的具足色身」是見性中所見日觀至雜想觀一切極樂妙境、名為如來無量無邊的「法界身」；不是人類這麼渺小的三十二相色身；所以才稱「無量壽佛」名為：「具足色身」。

• 如來三十二相：

(1) 足底平滿相。
(2) 足底千輻輪相。
(3) 手指纖長相。
(4) 手足柔軟相。
(5) 手足網幔相。
(6) 足跟滿足相。
(7) 足趺高好相。
(8) 腨如鹿王相。
(9) 手長過膝相。
(10) 馬陰藏相。
(11) 身端縱廣相。
(12) 毛孔青毫相。
(13) 身毛右旋上靡相。
(14) 紫金光身相。
(15) 身光一丈相。
(16) 皮膚細滑相。
(17) 手足肩頂七處平滿相。
(18) 兩腋平滿相。
(19) 身平正威儀相。
(20) 兩肩圓滿相。
(21) 身正端直相。
(22) 四十齒相。
(23) 齒白齊密相。
(24) 牙白淨相。

(25) 兩頰隆滿相。　(26) 舌泌甘露相。
(27) 廣長舌覆面相。　(28) 梵音深遠相。
(29) 海水金睛相。　(30) 眉間白毫相。
(31) 眼睫牛王相。　(32) 頂上肉髻相（無見頂相）。

須菩提！於意云何？如來可以具足諸相見不？

須菩提！你認為如何？宇宙至尊主宰「無量壽無量光如來」的法界身、可以用「諸佛的三十二相、八十隨形好」窺見嗎？

• 世尊再次的以妙語而問：「住世三寶尊、可以用出家受具足戒的色相、來認可嗎？」

不也！世尊！如來不應以具足諸相見。

須菩提回答說：不可以的！世尊！宇宙至尊主宰「無量壽

無量光如來」的法界身（清淨法身）、不應以「十方諸佛具足的三十二相、八十隨形好」、拿來做譬喻、認為可以窺見的。

• 真善知識亦不應以、有受具足戒而認定；更不應以無受具足戒而否定！若執此色相欲求真道、即如「緣木求魚、蒸砂為食」必不可得也。

何以故？如來說諸相具足、即非具足、是名諸相具足。

釋迦牟尼佛說：這是什麼緣故、你知道嗎？我釋迦如來說：「無量壽佛諸相具足」、是說「無量壽佛的法界身」身量無邊、「具足八萬四千相、八萬四千隨形好。一一好中、復有八萬四千道極光炎明。一一極光炎明、徧照十方無量世界。項上圓光、如百億三千大千世界、於圓光中、有百千萬億兆恆河沙化佛。一一化佛、亦有眾多無數化菩薩、以為侍者」；並不是僅如「十方諸佛」唯有三十二相、八十隨形好的樣子；所以才稱「無量壽如來」名為：「諸相具足」。見性而具足如來一切種智的了義法師、常住見性實相三昧中、一切法無我、無人、無眾生、無壽者、而具足一切種智、故名「諸相具足」。

● 見性了義的大善知識、能「闡釋如來千古密語、光揚如來無上大義、開顯方等大乘法化、教諸人天安住涅槃」、雖只現平凡農夫相、却是具足前述四德的菩薩摩訶薩、是故世尊曰：「如來說諸相具足、即非具足、是名諸相具足」。

● 如來世尊於取大般涅槃當日為一切世間、一切人天、演說大般涅槃經、大迦葉菩薩問世尊、末後眾生應如何依止？世尊因而演說四依品。今取其中要點而述出、供四眾閱讀、世尊曰：

(一)依法、不依人。(二)依義、不依語。(三)依智、不依識。(四)依了義經、不依不了義經。「法」者、即是法性。「義」者、即是如來常住不變。「智」者、知一切眾生皆有佛性。「了義」者、了達一切大乘經典。

大迦葉菩薩請示世尊：世尊！我當云何識知是人、應從啓請、而為供養？佛告迦葉：若有「建立」、護持正法、如是之人、應從啓請、當捨身命而供養之！如我於是大乘經說。偈云：

有知法者、若老若少、故應供養、
恭敬禮拜、猶如事火、婆羅門等。
有知法者、若老若少、故應供養、
恭敬禮拜、亦如諸天、奉事帝釋。」

迦葉菩薩白佛言：世尊！如佛所說、供養師長、正應如是、今有所疑、唯願廣說：

（一）若有長宿、護持禁戒、從諸年少、諮受未聞、云何是人、當禮敬否？若當禮敬、是則不名為持戒也？（第一個問題是：如果有長年出家、戒律清淨的老僧、去向一個比他年少的中年人、請學前所未聞的大乘佛道。老僧須要向那個中年人禮敬供養嗎？如果老僧必須向那個中年人禮敬供養、那不是與佛陀教我們的戒律違反了嗎？）

（二）若是年少、護持禁戒、從諸宿舊、破戒之人、諮受未聞、復當禮乎？（第二個問題是：如果有很年輕而戒律清淨的僧人、去向一個娶妻生子又不持戒的人、請學「前所未聞」的大乘佛道、年輕的僧人須向那個破戒的人、禮敬供養嗎？）

（三）若出家人、從在家人、諮受未聞、復當禮否？（第三個問題是：今就直接的請問前兩個問題、如果出家的僧尼、不論老少、去向那個娶妻生子、經營農事、不受菩薩戒的中老年人、請學「前所未聞」的大乘佛道。不論老少僧尼、都須向那個娶妻生子的農人禮敬供養嗎？）

佛告迦葉：善男子、我為未來（末法世）諸菩薩等、學大乘者、說如是偈、不為我今時座前聲聞弟子說也。……若有人、見護法之人、與破戒者、同其事業、說有罪者、當知是人、自受其殃、是護法者、實無有罪。善男子、若有比丘、犯禁戒已、憍慢心故、覆藏不悔、當知是人、名「真破戒」！菩薩（在家居士）為護法故、雖有所犯、不名破戒！何以故？以無憍慢、發露悔改。善男子、是故我於經中、覆相說如是偈：

有知法者、若老若少、

故應供養、恭敬禮拜、

猶如事火、婆羅門等、
如第二天、奉事帝釋。

從前載經文、即可證知、末世承傳如來佛道的僧寶、是個中老年農夫。

非說所說分第二十一

世尊在此明白宣示、如來住世之時三轉法輪所說無量諸經、包含金剛經、皆未曾說出「佛法」、僅是說些方便引導之法而已。故曰：非說所說。

須菩提！汝勿謂如來作是念、我當有所說法、莫作是念。何以故？若人言、如來有所說法、即為謗佛、不能解我所說故。須菩提！說法者、無法可說、是名說法。

須求無上菩提的佛子們啊！你們這些聲聞比丘、比丘尼四眾人等、皆不可認為：「我釋迦如來有作決定、我一定將見性成佛的如來第一義住第一義諦說在金剛般若波羅蜜經」中、或已有說在其他諸經中了。你們千萬不可有這種認為！這是極嚴重的誤解！

這是什麼緣故呢？因為演說「如來第一義住四十八願無量義禪定」見性成佛第一義諦的「機緣」還沒有成熟的緣故。

假使有人、只見到金剛般若波羅蜜經的原本經文、就說我釋迦如來已經將「佛道最上第一希有見性成佛之法」說在諸經中、或已說在金剛般若波羅蜜經之中、這個人就是所謂「謗佛正法」的人。這些人、根本不了解我如來世尊所說金剛般若波羅蜜經的真實義、才會有此邪見！凡是說「八萬四千法都是佛所說、不論修哪一法都可以成佛」的人、就是謗佛正法的「一闡提」。

須求無上菩提的佛子啊！我如來世尊所說「八萬四千種法門」、以及今所演說金剛般若波羅蜜經一切諸法、都是我如來世尊以諸善巧方便、引導眾生發心志求「如來第一義住四十八願無量義禪定」的權宜方便；實在是「還沒有」將如來第一義住第一義諦、第一義空、無我無為、惟心惟識的「佛說觀無量壽佛經真實相真實義」那一部「佛道最上第一希有的法藏」說出來。法性空寂、無形無相故、無法可說；因此我如來世尊以諸方便、譬喻「演說八萬四千一切法、依諦諸經」名為：「說法」。而不名為：「傳法」。

● 釋迦牟尼如來世尊所謂「無法」即是：無所住而生其心、通達一切法「無我、無人、無眾生、無壽者」的「見性」實相。由成所作智、入妙觀察智、深入平等性智、安住於「不空、不即、清淨、圓明、不離」法性空寂、無形無相的大圓鏡智、由大圓鏡智深悟「無生法忍」、由無生法忍究竟無生忍、而證「佛果」。

佛果由「無相」而生、四十八願一切善法、由清淨心而悟。「法」雖能種種譬喻、而若不在自性中密行、終不能證悟、無法了解、任說亦不達「義」。故曰：無法可說、是名說法。

爾時、慧命須菩提白佛言：世尊！頗有眾生、於未來世、聞說是法、生信心不？

那時候、「解空第一」的尊者須菩提對釋迦牟尼佛說：如來世尊！無量眾生、於如來涅槃兩千五百年後的末法世之時、聽到見到金剛般若波羅蜜經真實義中、如來世尊指出的那一部如來最後垂範如來第一義住、第一義諦、第一義空、無我無為、惟心惟識見性的佛說觀無量壽佛四十八願無量義禪經、見性成佛的無上法藏、會生起信心嗎？能深信不疑、如法修行嗎？

佛言：須菩提！彼非眾生、非不眾生。何以故？須菩提！眾生眾生者、如來說非眾生、是名眾生。

釋迦牟尼佛說：須菩提啊！「末法世之時」一切人眾中、見金剛般若波羅蜜經能解經中真實義、能生起大信心、依「如來第一義住無量義禪定」修行的人、這些人並不是一般的眾生、但也不能說他們「不是眾生」。

這是什麼緣故呢？因為、這個法師是如來分身示現人間的肉身菩薩、故曰「彼非眾生」、然而既是成為凡人、故曰「非不眾生」。

須求無上菩提的佛子啊！末法世之時、有兩類眾生、一種是迷惑不覺的「七慢眾生」；一種是教而能覺的「智慧眾生」。我如來世尊說：這些「教而能覺的智慧眾生」、都是於「兩大阿僧祇劫」以來、已厚植福慧、於末法世之時、生身人間應「最後身」的菩薩摩訶薩、不是迷惑不覺的七慢眾生、那些「最後身」的菩薩摩訶薩、我如來世尊說他們不是一般的眾生；但他們也是從三界六道「二十五有」中來、生於人間、所以我如來世尊也稱這些「菩薩」、名為「眾生」。

● 眾生的眾生、即是自己的「邪迷心、誑妄心、不善（偽善）心、嫉妒心、惡毒心、憤高心、輕慢心、人我心、貪愛心、執著心、諂曲心、好勝心、好奇心、邪見心、虛妄思想心」。這些「心」即是如來佛所說的眾生、並不是指三界六道二十五有萬類有情那種眾生而言。人類的虛妄思想心就名叫作「眾生」！人類也是眾生、是以世尊才會說「眾生的眾生」。

● 七慢：詳見書後註解。

無法可得分第二十二

世尊於此段明示、得阿耨多羅三藐三菩提、是在「無我、無人、無眾生、無壽者」的見性實相中、證無生法忍、究竟無生忍而得佛果的；並不是從一切有為法中所能得到的。故曰：無法可得。

● 無法：謂由無相而見如來法界性之法。

須菩提白佛言：世尊！佛得阿耨多羅三藐三菩提、為無所得耶？

須菩提問釋迦牟尼佛說：世尊！釋迦牟尼佛您所得的「如來無上正智正等正覺」佛道佛果、真的是由「無我無相無為、惟心惟識」見性而證得的嗎？

● 無所：虛空藏處也、佛之法界性也、四十八願無量義也、無相也。

● 阿：無內無外廣大無邊。

● 耨多羅：如來第一義、見性的正法眼藏。

● 三藐：依如來見性正法眼藏、戒定慧等六波羅蜜善修滿足。

● 三菩提：成就「自覺菩提、覺他菩提、覺行菩提」所謂無上正智正等正覺。

佛言：如是如是！須菩提！我於阿耨多羅三藐三菩提、乃至無有少法可得、是名阿耨多羅三藐三菩提。

釋迦牟尼佛說：正是！正是！須求無上菩提的佛子啊！我如來世尊於「如來無上正智正等正覺」的佛道佛果、確是由「無我無相無為、惟心惟識見性」的「無為心法」自所證得「無上甚深法忍」。甚至「沒有分毫的外力、神力」助我成就、也沒有絲毫的「欲、相、惑」存在。所以才稱為「如來無上正智正等正覺」。今解此語如下：

- 如來：即是「無所從來、亦無所去」永恒存在的宇宙至尊主宰。
- 無上正智：即是「自己由『無我無相無為、惟心惟識』證得無量無邊智慧」、成就「佛道」「佛果」。是謂「自覺菩提」。
- 無上正等：即是「自證佛道」之時、以「無緣大慈、同體大悲」、以「平等心」將自所「證得佛道」的正法眼、普施一切眾生、使皆得成「佛道」「佛果」。是謂「覺他菩提」。慈：不求回報的付出。悲：體恤苦難、誓必救拔。
- 無上正覺：即是前所述的「自覺、覺他」在宇宙的無量無邊世界、推行不已、無時不行、無處不至、若十方法界中、有一眾生、尚未成佛、則「自覺、覺他」之「如來行」永不終止、是謂「覺行菩提」。

• 乃至無有少法可得：謂沒有特異神力的相助、沒有絲毫的「妄、欲、相、惑」的存在；沒有任何有為法；惟從見自本性、斷一切欲、除一切虛妄、亡一切惑、離一切相、圓明本心而得佛果也。

淨心行善分第二十三

世尊於此段明示：見性是平等法、以「無相」「無為」淨心思惟諦觀法藏比丘四十八願化現極樂世界的一切善法、即得阿耨多羅三藐三菩提。眾生若要成佛出生死、必須淨心無相的行如來四十八願一切善法、故曰：淨心行善。

復次、須菩提！是法平等、無有高下、是名阿耨多羅三藐三菩提。以無我、無人、無眾生、無壽者、修一切善法、即得阿耨多羅三藐三菩提。

我如來世尊再次的呼籲須求無上菩提的佛子們！我如來世尊入於「末法世」時、再為授記的如來第一義住、即是所謂「如來最後垂範首楞嚴第一義諦、觀無量壽佛四十八願無量義禪經」。行者於見性中離一切相故、能令法界性平等顯見、故曰：是法平等。

如來以此無上之法、普施一切眾生、一視同仁、無有分別「高貴」或「下賤」的眾生、只要有能信受「佛語」者、有能依法修行精進者、我皆令其人、以現世「凡夫之身」修成「佛道」」「佛果」。

所以我如來世尊於金剛般若波羅蜜經說明、我如來世尊於「末法世」時、再為授記的「如來最後垂範如來第一義住」、又名為「如來最後垂範首楞嚴第一義諦・觀無量壽佛四十八願無量義禪經」、即是名為「阿耨多羅三藐三菩提」的「無上法藏」！末法世時、一切三界中、六道「二十五有」、來生娑婆世界、得到「人身」的一切「眾生」、若能依金剛般若波羅蜜經真實義所說、淨除我執、我見與未證謂證、未得謂得的「大妄惑」、暨法執、貪、瞋、嫉妒等一切「無明諸惑」的「我相」。

淨除眼耳鼻舌身五根、於色聲香味觸五塵、分別男相女相、起諸貪著愛染、迷而不覺、漏落生死、等一切「思惑」『生死惑」的「人相」。

淨除「眼耳鼻舌身意六根」所能觸染的色相、聲相、香相、味相、觸相、法相（法相指執於八萬四千法謂任何一法皆可成佛、而不修如來第一義）等一切「有為」的修行；及淨除外道之「非法相」計斷、計有、計無、等「三界見惑」的「眾生相」。

淨除外道「計常」的「非法相」、謂只求生諸天界為神、受人香煙葷腥膜拜、不求出三界；或只求人間富貴。所謂「三界見惑」的「壽者相」。

依如來第一義住、以惟心惟識、忘我無相無為、修行無量壽佛「四十八願無量義」見性明心一切善法、從「日觀」始起、依序修行至「第十六觀」全部。從日觀、水觀、寶地觀的「思惟初禪」；漸漸深入寶樹觀、寶池觀的「諦觀二禪」；再深入總觀想、華座觀、佛像觀的「禪定三禪」；最後深入彌陀如來法身觀、觀世音菩薩法身觀、大勢至菩薩法身觀、普觀、雜想觀、三輩九品生觀的「三昧四禪」；即能證得如來一切種智、所謂「如來十力、四無所畏、三明六通、大般涅槃」等、即是證得「阿耨多羅三藐三菩提」、即是證得「如來無上正智正等正覺」。

須菩提！所言善法者、如來說即非善法、是名善法。

須求無上菩提的佛子們！釋迦牟尼佛所說「一切善法」、是指如前所說、循彌陀如來世尊「四十八願」諦觀法界性無為無相的一切善法；佛並不是指布施金錢糧食醫藥臥具……亦不是指修行於八萬四千依諦之法、等一切「有為」的善法；思惟諦觀「無量壽無量光如來世尊四十八願無量妙義」在自性中見性的無量義中道實相、才可稱名為：「真實的善法」。

● 依諦：謂佛滅度後、眾生無「法」可學、世尊為引度眾生出生死而暫設的方便小法、若循「依諦」持戒布施、學戒定慧、則至末法之前、生生世世可得人身、待佛再入世即能聞修無上乘「見性成佛」無相無為之法、始可出生死。八萬四千法雖是方便小法、確是世尊暫設給眾生、依循修行之法、故曰「依諦」。然而、於末法世之時、世尊再親臨人間教一切眾生修行「見性明心、直了成佛」的第一義諦、第一義住；此時眾生若再迷執於八萬四千方便小法、或只種福田以求來世福報、棄「見性成佛」的無上乘於不顧、那真是無藥可救的可憐眾生了！

福智無比分第二十四

如來於此段明示：深解金剛般若波羅蜜經中如來真實深義、及四念處四句偈裡如來真實深義、為他人說者、其人所得「福慧功德」、無有任何人能與相比。故云：福智無比。

須菩提！若三千大千世界中、所有諸須彌山王、如是等七寶聚、有人持用布施。若人以此般若波羅蜜經、乃至四句偈等、受持讀誦、為他人說、於前福德、百分不及一、百千萬億分、乃至算數譬喻所不能及。

須求無上菩提的佛門弟子啊！譬喻說欲界天（小銀河系）、色界天（中銀河系）、無色界天（大銀河系）裡面、所有一切的星球。那麼多、無可計數的星球、都是以黃金、白銀、琉璃、琥珀、珊瑚、瑪瑙、翡翠等七寶、聚集而成無可計數的星球。如果有人將這麼多的七寶、拿去救濟貧窮的人。

但如果有人、以此金剛般若波羅蜜經的真實妙義、甚至經中「四念處四句偈」等、能生起大信（永遠記在腦海裡）、供養修行（憶念不忘）、研解實義、口唸經文、並能以四無所畏、發大悲心、廣為一切人天解說金剛般若波羅蜜經真實義、教人修行「如來第一義真諦」者。

若將於前所說、以「無量七寶施與貧人」所得的功德、與為人講解金剛般若波羅蜜經真實義及四念處四句偈真實義的功德相比較。施捨無量七寶的人、所得的功德、不及講解金剛經的人「百分之一」；不及講解金剛經者「百千萬億分之一」；甚至算數譬喻、所不能及。無法估算講解金剛般若波羅蜜經暨四念處真實義那個人將所獲得的福德。

- 須彌山王：謂星球也。
- 為何如來在諸經中皆勝讚那一個能講解如來經中真實深義的人呢？因為末世時代出現人間那個人天大導師、只是一個平凡的農人、雖是平凡的農夫卻能「闡釋如來千古密語、光揚如來無上大義、開顯方等大乘法化、教諸人天安住涅槃」、荷擔如來無上重寶、救度一切正心深信佛語眾生超生死海。因為那個農夫在如來（天父）心中是「希有的大善知識」、一切眾生要出生死海、全靠這個農夫慈雲普覆才有希望。這個農夫是如來（天父）時時護念的愛子；但世界上的人卻完全不知、甚至加以排斥毀謗。世尊早知此情節、是以在諸經中勝讚那個農夫是大菩薩、讚說那個農夫功德不可思議、並且諭示有知此事的修行者、要竭力的供養他、護持他、使他能無後顧之憂、全心全力的弘法、慈雲普覆、洪恩廣澤。

化無所化分第二十五

如來於此段明示：如來不以神力超度眾生到極樂世界作佛；而是將思惟諦觀極樂世界無量義的見性無上法藏、教諸深信眾生、使見性明心直了成佛、永生於極樂世界中。故曰：化無所化。

須菩提！於意云何？汝等勿謂如來作是念、我當度眾生。須菩提！莫作是念、何以故？實無有眾生如來度者。若有眾生如來度者、如來即有我、人、眾生、壽者。

釋迦牟尼佛問須菩提說：我剛才所說能了悟如來實義而為大眾講解金剛般若波羅蜜經真實義那個人、將所獲得的福德、無量無邊、不可稱、不可量、不可思議、你認為如何呢？

你們不可認為我釋迦如來已作了決定、我如來世尊當大慈大悲以「神力」度脫一切眾生、超三界生老病死海、往生極樂世界去作佛。

須求無上菩提的佛子啊！你們千萬不可有這種錯誤的認為。是什麼緣故呢？一切眾生、皆是自發菩提心、依如來四十八願無量義禪經「思惟諦觀極樂世界、入于禪定、三昧、於其中諦觀十二因緣而悟無生法忍」、而證得阿耨多羅三藐三菩提的。

確實沒有一個眾生、是我如來世尊以「神力」超度他、使他成佛的。我如來世尊也決不會以神力超度眾生往生西方極樂世界的！一切眾生必須依我如來於末世所教諦觀無量壽佛四十八願淨業所成極樂世界、如實見性、了悟明心、自性自度而得成佛。末世教一切眾生見性修行的法師、他的功德是無量無邊不可思議！常為諸佛護念、無量諸天、龍眾八部常隨守護、稱其功德。

如果有一個眾生、是我如來世尊以「神力」將他超度到西方作佛。我如來世尊就是「有我相、有人相、有眾生相、有壽者相、有三界見惑、有三界思惑、有三界生死惑、有三界無明惑」、不能得阿耨多羅三藐三菩提、不能稱為「如來世尊」了！

● 假使有人誤認為、某一個「亡魂」有人幫他「做法會超度功德」、我如來世尊就會將「這個亡魂」超度到極樂世界「作佛」；其他的「亡魂」若沒人幫他「做法會超度功德」、我如來世尊就不度他到極樂世界「作佛」。上述的情形、只有世界上「愚癡」的人、及與「貪傭者」才會這種行為；我如來世尊以「平等智」

等視一切眾生、教一切眾生、自修「如來第一義」見性明心、自證佛果。如來絕不以「有做法會功德」就以「神力」超度他「作佛」、絕無此事！做法會「亡魂能得度」是因為他聽經聞法而得「開悟」、超脫惡道、轉生於安樂清淨、有佛說法之處而已！

• 世尊於此章句說明：「佛不度眾生」。佛只是在末法世將見性成佛的法、教正心深信的人、讓這些人自己見性成佛而已！

須菩提！如來說有我者、即非有我、而凡夫之人、以為有我。須菩提！凡夫者、如來說即非凡夫、是名凡夫。

須求無上菩提的佛子們！「我」釋迦如來、常以「我」字冠在名上、是謂見性證得如來無上正智正等正覺、常住于「常樂我淨」之中、能自主宰一切、煩惱無明淨滅淨盡、更無所斷、證大般涅槃、不受二十五有諸身、故曰：「有我」；不是有我見、不是有我相、不是有我執、不是我有人體；而迷惑於「見思、生死、無明」的生死凡夫、卻以為我如來世尊所謂的「有我」、是指「我執、我見、我相、及我有人體」為「有我」。

須求無上菩提的佛子啊！所謂能斷一切「見思、生死、無明諸惑」、能斷「我相、人相、眾生相、壽者相」、能不執於「色相、聲相、香相、味相、觸相、法相、非法相」、能「少欲、知足、常、樂、我、淨、常安處寂靜吉祥」的凡夫；我如來世尊說這樣的修行者、即不是有「見思、生死、無明諸惑」的生死凡夫。因為這些「行者」、尚未脫離「胎藏界」有為的身體、故我如來世尊稱這些菩薩為「少欲知足、安處平凡」的「大丈夫」名為「非凡夫」；迷著於「我、人、眾生、壽者」諸相而修行於外道或八萬四千法的人、即使他住佛伽藍、身穿如來法衣、能將如來遺留諸經典、倒背如流、講經說法如恆河沙、那樣修行的人、如是修行百千萬億阿僧祇劫、也脫不了輪迴、出不了生死、如來說這種人、確實名為「凡夫」。

- 我相、人相、眾生相、壽者相：詳見書後註解。
- 見思、生死、無明諸惑：詳見書後註解。

法身非相分第二十六

如來於此段、以雙關語告誡眾生、不可以外表相貌來判斷一個人是真善知識或假明師；如來法身亦不是以三十二相所能窺見。是故不應以寺廟很大或法相莊嚴、或口若懸河的人、將他們認為是如來弟子、否則永遠見不到如來法身、出不了生死輪迴。故曰：法身非相。

須菩提！於意云何？可以三十二相觀如來不？

須菩提！你認為呢？可以因為某一個人、他有「法相莊嚴的三十二相」、就認定那一個人是「如來」嗎？

• 佛於此喻示眾生、不可以因其人剃除鬚髮受具足戒、法相莊嚴、就認為他是荷擔眾生超生死海的僧寶！

須菩提言：如是如是！以三十二相觀如來。

須菩提說：正是！正是！如果某一個人、他有「法相莊嚴的三十二相」、見他法相莊嚴、就可以確定那一個人就是「如來」。

●須菩提明知如來之意、却故意如此作答、以喻末世眾生、深著色相、皆無慧眼、見出家受戒之人、就認定他是荷擔如來家業的僧寶、是以故意作此語也。

佛言：須菩提！若以三十二相觀如來者、轉輪聖王、即是如來。

釋迦牟尼佛說：須求無上菩提的佛子們！如果以觀人的外表取相、見到某一個人「有莊嚴的三十二相」、就確定他一定是「如來」、那麼「人間的帝王」都長相莊嚴、每一個都是你所確定的「如來」了。此喻若執著於「剃髮出家、法相莊嚴、舉止安祥的人」就是「僧寶」；那麼天下所有現出家相的人、都是

「承傳如來家業」的「僧寶」了！

- 轉輪聖王：即是帝王。現代的總書記、總理、總統、國王。
- 轉輪王：即是古代帝王分封的小王、現代的副總理、副總統、省長、州長。
- 小轉輪王：即是古代的諸侯。現代名為地方自治的首長。

須菩提白佛言：世尊！如我解佛所說義、不應以三十二相觀如來。

須菩提對釋迦牟尼佛說：「世尊！如今我已了解釋迦牟尼佛言中之意了、不應以相貌取人、不能因為某一些人、有莊嚴的三十二相、就認為那些人是如來」；世尊您是在暗示「末法世」的一切眾生、不可執著於「色相」、以貌取人、看見某一些人、身上披著如來所制定的「法衣」、裝飾得法相莊嚴、能坐在

「高大的法椅上」為人「說法」、就認為那個人就是「佛」、就是「如來」、就是「僧寶」。反將「無形無相」的「如來法藏」、當作魔語、堅不信受、而輕賤侮辱譭謗如來世尊遺在人間的「真實僧寶」、終致墮落三途惡道、自食惡果！

爾時世尊而說偈言：若以色見我、以音聲求我、是人行邪道、不能見如來。

那時候、釋迦如來世尊隨應機宜、演說「告誡四句偈」曰：若「末法世」的一切眾生、執著於「色相、邪見、我執」、輕賤侮辱譭謗我如來世尊遺來人間的「真實僧寶」、堅不信受「如來佛語」。或以自己已剃髮出家、就憤高傲慢、不再聽受真善知識演說「如來第一義住、無上見性正法」、不肯如法修行。

或堅執於「聲相、香相、味相、觸相、法相、非法相」等一切「有為」之法、意想要得到我如來世尊以「神力」超度他出三界「作佛」；或只向我祈求一切福報、而不肯依如來最後垂範見性修行的人。

這樣的人並未遠離「我、人、眾生、壽者」諸相、是在修行「邪道」。

雖經過無量無邊阿僧祇劫的修行、也永遠見不到「我宇宙至尊主宰無量壽無量光如來世尊」。永遠成不了佛、永遠出不了六道輪迴！

無斷無滅分第二十七

如來世尊在此段中教諸眾生、覓師訪道、當以智慧觀察判斷、以免墮入魔淵；於見性之道、亦須「不空、不即、清淨、不離」才能入如來大智慧海證道成佛。故曰：無斷無滅。

須菩提！汝若作是念、如來不以具足相故、得阿耨多羅三藐三菩提。須菩提！莫作是念、如來不以具足相故、得阿耨多羅三藐三菩提。

須求無上菩提的佛子們！你們如果有下列的錯誤見解：認為我如來世尊於經中說「不可執於外表相貌、知名度高、法相莊嚴的人、就認為他是『如來』、是『佛』、是『僧寶』、不可以貌取人」；就認為我如來世尊是在說：那些不拘束形骸、不守

「如來所設一切戒律」的人、以及「一切外道」、就是荷担「如來家業」救度眾生的「僧寶」。

須求無上菩提的佛子們！你們千萬不可有那種錯誤的見解、不可認為我如來世尊教諸眾生「不可以貌取人、皈依修行」是指引眾生、去向一些放肆形骸、行為不檢、不守佛規戒律的「歹徒」學習；不可認為向那些不守戒律以及外道邪師學習、才能得成「如來無上正智正等正覺」佛道佛果。須求無上菩提的一切比丘、比丘尼、及俗家善男子、俗家善女人、都不可有這種錯誤的見解。

須菩提！汝若作是念、發阿耨多羅三藐三菩提心者、說諸法斷滅、莫作是念。何以故？發阿耨多羅三藐三菩提心者、於法不說斷滅相。

須求無上菩提的佛子！你們聽聞我如來世尊在金剛般若波羅蜜經中說：「眾生要修行如來第一義、要空一切相、空一切法」。不可將「佛語」誤解為「發如來無上正智正等正覺無上道心的人、在修行中、一切法都要斷盡滅盡；在修行中、不必守如來所設一切戒律；更不必思惟諦觀極樂世界一切無量無邊如來功德」。你們千萬不可有這種錯誤的見解、這是什麼緣故呢？

凡有發心志求「如來無上正智正等正覺」無上佛道佛果的人、於如來第一義住無上之法、及我如來世尊所設一切「戒律」、不應認為是我如來世尊所說所指：必須斷盡滅盡的「法相、非法相」。凡是志求「如來無上正智正等正覺、三覺圓滿、無上佛道佛果」、發這種「無上道心」的人、都必須遵守我如來世尊所設「一切戒法」、以能持具足戒（中道慧第一義諦戒）修身繫心、方能深入如來第一義住四十八願無量義三昧、方能成就「如來十力、四無所畏、三明六通、大般涅槃等、如來一切智慧功德」。一切比丘、比丘尼、善男子、善女人、皆當修於「持戒、布施、忍辱、精進、禪定、智慧」等「六波羅蜜」、所謂「六度萬行」缺一即不能「成就佛果」、是故我如來世尊於金剛經中說：「發阿耨多羅三藐三菩提心者、於法不說斷滅相。」

●佛說無量壽經中載法藏比丘以四十八願度眾生、每一願的最後兩句皆言「不得是願、不取正覺」。這兩句話並不是法藏比丘自謂「如果不能實踐四十八願之中任何一願來度眾生、那我法藏比丘就發誓不作佛。」佛子們啊！那兩句話是在告誡眾生：如果眾生不能依我四十八願見性具足、或於其中有一願尚未具足達到四智菩提的大圓鏡智、即是名為「不得是願」。一切佛子雖有修行、終不能成佛、即是名為「不取正覺」。佛子們啊！你們該覺醒了！世尊已再臨人間、再不聽信、就快來不及了！

不受不貪分第二十八

如來於此段明示：修菩薩道的行者、不可染著貪戀三界中受身的福報；亦不可染著貪戀如來法界性中任何事境、方可得成無生法忍。故云：不受不貪。

須菩提！若菩薩以滿恆河沙等世界七寶、持用布施、若復有人、知一切法無我、得成於忍、此菩薩勝前菩薩所得功德。何以故？須菩提！以諸菩薩不受福德故。

須求無上菩提的佛子啊！若有善心布施的菩薩、以聚滿「恆河沙數、相等數字的星球」那麼多的黃金、白銀、琉璃、琥珀、珊瑚、瑪瑙、翡翠、拿來施捨、救濟貧困的人；若另外有人、知如來第一義住「彌陀如來四十八願見性一切善法」、是以「無我、無相、惟心、惟識」的「無為法」見性修行、精進得成「如來正智音香忍」、「如來正等柔順忍」、「如來無上正覺無生法忍」等「三深法忍」。能依如來第一義住修行、見性而得「三深法忍」的菩薩摩訶薩、所得的功德、勝前「以無量七寶施捨」的菩薩、多到無法以算數譬喻其功德！

你們一定會覺得很奇怪、為什麼我釋迦如來世尊說：拿出那麼多財寶救濟貧窮的菩薩、所得的功德反比一個「沒拿出一分一毫來施捨的人」少了那麼多呢？須菩提！因為發心「救濟貧窮人」的一切菩薩、是沒辦法得到「如來福報」的、他們只能於來世再受身於三界中、才能得到福報；而見性的菩薩卻是證得不生不滅清淨法身的福報、有天地之差別！來世受身的福報、在福報中亦有災難、福報享盡、即入輪迴、是故諸大菩薩、不受那種福德。

- 功：即自覺成道也。
- 德：利他、覺他、平等濟度也。
- 功德無量：謂自覺、覺他、覺行、三覺圓滿也。

須菩提白佛言：世尊！云何菩薩不受福德？

須菩提問釋迦牟尼佛說：世尊！為什麼「以無量七寶施捨救濟貧窮人」的菩薩、不能得到「如來福報」呢？為什麼「見性密行布施波羅蜜」的菩薩摩訶薩、也不可貪著「來世福報」呢？

須菩提！菩薩所作福德、不應貪著、是故說不受福德。

須求無上菩提的佛子啊！一切菩薩修行「如來一切種智所

有功德」、不應貪著於來世受報的福田及一切有形、有相、有聲、一切世間的「有為」諸法。因為這個緣故、我如來世尊說、如果眾生執著於一切「有為」的修行、不能得到「如來福德」。我如來世尊於阿彌陀經中說：「不可以少善根、福德因緣、得生彼國」正是此義也。若有正心深信佛語的菩薩、能依末世之時、如來遣在人間的大善知識所教「見性成佛正法眼藏」、以「無我、無人、無眾生、無壽者」的無相三昧、於自心中見性密行、證無生忍而成佛、故不受「來世福報」；若受來世福報則今此身「無生法忍」不能成就、必入輪迴、無可倖免。

● 在自性中見性密行如來一切種智的菩薩、在見性之中必須具足「不空、不即、清淨、不離」的佛智、不為極樂世界萬境所牽、亦不離極樂世界裡無量無邊勝境；在「不空、不即、清淨、不離」的領域中、自然五眼同觀、眼耳鼻舌身意六根六識盡入如來無量無邊功德海、達到久視不散、一心無量用而不亂、圓明無礙的境地。此即是楞嚴經中大勢至菩薩念佛圓通章曰：「若眾生心、憶佛念佛、現前當來、必定見佛、去佛不遠、不假方便、自得心開。如染香人、身有香氣、此則名曰：香光莊嚴。我本因地、以念佛心、入無生忍。今於此界、攝念佛人、歸於淨土。佛問圓通、我無選擇『都攝六根、淨念相繼』、得三摩地、斯為第一。」佛子們啊！趕快醒醒、見性自度啊！

威儀寂靜分第二十九

如來於此段明示：釋迦牟尼佛之身、是清淨法身、不是父母和合所生「有為」之身。如來法身、威儀寂靜、能入眾生清淨憶念心中、無所從來、亦無所去。故云：威儀寂靜。

須菩提！若有人言：如來若來若去、若坐若臥、是人不解我所說義。何以故？如來者、無所從來、亦無所去、故名如來。

須菩提！如果有人說：「釋迦如來是其母摩耶夫人與其父淨飯大王所生的兒子。現在已經死了、不在人間了」。或是有人說：「供奉釋迦牟尼佛的佛像、應該是坐著的像」。或者說：「應該供奉臥著的像」。如前所述這些執取於「相」的人、是完全不能了解我如來世尊所說金剛般若波羅蜜經真實義的人。

這是什麼緣故呢？我所以名為「釋迦如來世尊」、就是因為我釋迦牟尼佛正是「無始以來就已永恒存在」、今後無量無邊無數千萬億那由他阿僧祇大劫、我亦永恒存在、我是永恒總轄三界內外無量無邊無數阿僧祇世界的宇宙至尊主宰無量壽無量光如來世尊。我的「如來法身」充滿十方無量法界、三界內外一切十方法界、都在「我如來法身」之中、我無時不在、無處不在、永恒存在所以才稱名為：釋迦如來世尊。

●如來法身、在法性中、不在三界之中。在法性故、不生、不滅、不垢不淨、不增不減；非是父母和合所生、故曰「無所從來」；今後永恒存在、不生不滅、故云「亦無所去」。然而三界六道諸眾生、皆有父母所生、故曰「有所從來」；眾生皆有死亡滅絕、故曰「亦有所去」。

一合理相分第三十

如來於此段中、以大中小銀河系中的星球皆碎為微塵的數目字、來譬喻眾生的「慾、相、惑」。又以銀河星系的成住壞空來喻眾生的「生、老、病、死」。並說出「生老病死的原因在於男女性慾的愛染」。故云：一合理相。

須菩提！若善男子善女人、以三千大千世界碎為微塵、於意云何？是微塵眾、寧為多不？

須菩提！如果俗家善男子、或俗家善女人、將欲界天（小銀河系）、色界天（中銀河系）、無色界天（大銀河系）、當中無數的星球、都碎為極微細的「微塵」。你認為如何？這些「微塵」如果聚集在一起、是不是很多呢？

・此譬喻眾生的「貪瞋癡」、如各銀河系中的星球都碎為微塵那麼眾多；眾生依八萬四千法而修戒定慧、僅是將「貪瞋癡」微塵化而已、而實際上、並沒有將貪瞋癡淨盡也。

須菩提言：甚多！世尊！何以故？

須菩提回答說：非常多啊！世尊！你說這些是什麼緣故呢？

若是微塵眾實有者、佛即不說是微塵眾。所以者何？佛說微塵眾、即非微塵眾、是名微塵眾。

釋迦牟尼佛說：如果我釋迦牟尼佛真正要討論的是實際上那個、不能以任何精密科學儀器看得見的極微細「微塵」、並且再聚集在一起、變成一個物質的實體的那回事。那麼我釋迦牟尼佛就不去說那些唯有「佛眼」才看得見的微塵聚集的事情了。

為什麼這樣呢？我釋迦牟尼佛所說的「微塵眾」；不是指「物質變成極微細的微塵」、又聚集在一起那回事；而是以這些名詞、用來譬喻修行者「著於一切相、一切欲、一切惑」的情況、稱為：「微塵聚集」。佛以微塵眾譬喻眾生的貪瞋癡雖經八萬四千法的修行、而微塵化了、但畢竟還是存在的、還是聚在同一個空間裡、所以才稱「微塵眾」。

● 此譬喻修行「佛道」的行者、不論「比丘、比丘尼、善男子、善女人」四眾人等、若著於「三界、一切欲、一切相、一切惑」而以「八萬四千種」權宜小法修行、雖能暫時摧破一切「欲、相、惑」；但「欲、相、惑」實不能以「八萬四千法」中的任何一法、把它徹底淨除淨盡、終必再聚集成為「更大的欲、更堅的相、更深重的惑」。既然僅將「貪、瞋、癡」微塵化、而沒有徹底淨除、怎能說是「究竟」呢？

世尊：如來所說三千大千世界、即非世界、是名世界。

世尊又說：我釋迦如來世尊所說「欲界天、色界天、無色界天、當中的一切星球」；並不是指「真實的星球」；而是以這些無量無數的星球、譬喻一切眾生所著「一切欲、一切相、一切見思惑、一切生死惑、一切無明惑」的妄想、有如三界中眾多無數的星球一樣。因三界諸眾生有「如無數星球」的「五欲、四相、塵沙惑」由于染著輕重的層次不同、而各居於不同層次的星球上、所以稱這些星球為「世界」。

佛以欲界天而喻人的貪欲；色界天而喻人的瞋妒；無色界天而喻人的癡執。是故世尊曰：如來所說三千大千世界、即非世界、是名世界。

● 三界天：註於「大乘正宗分第三」四生條。

● 見思惑、生死惑、無明惑：詳見書後註解。

何以故？若世界實有者、即是一合相。如來說一合相、即非一合相、是名一合相。須菩提！一合相者、即是不可說、但凡夫之人、貪著其事。

這是什麼緣故呢？三界即是所謂的「法界」。法界本「空」、原本只有「如來法性」完全「無形」「無質」無量清虛。經很久很久、「如來法性」一動、而生分別、為「能量」、為「光」。「光」與「能量」互相推動、產生「波場」是名為「混元場」。「混元場」的「波場」產生「音」。「光」與「音」將「能量」聚集成「極微細的微塵」。「極微細的微塵」經「光、音」不斷的震動、而漸漸凝結、由小變大、漸漸形成「星球」。星球質地、最輕清、能量最大的、為「無色界」。星球質地、半輕清、半重濁、能量次等的、為「色界」。星球質地、重濁、能量最小的、為「欲界」。形成「三界」而有「成、住、壞、空」之劫。這種宇宙自然現象、稱名為「一合相」。

我如來世尊說「一合相」那回事；並不是指法界本空、微塵集成星球、形成「三界」、而有「成」、「住」、「壞」、「空」的一合相；僅是以此「三界實相」來譬喻一切眾生的「生、老、病、死」等四種無可避免的真實現象、譬喻稱為「一合相」。須求無上菩提的佛子們！所謂譬喻眾生輪落生老病死海的「一合相」、即是「男女思惑、色身性愛染著的行為」、於「佛道」中、不可明說的事。唯有迷惑於「見思、生死、無明」的人、才會「貪愛染著」那種事！

●「性愛」即是四諦的「集」、以貪著性愛之事、終「集結」一切苦於自身、此身死後又生他種身、集一切苦。眾生若沈迷於男女色身性慾之事、臨命終時、幻境現前誘惑、隨即墮入生死大海。

知見不生分第三十一

如來於此段文中、破眾生「我、人、眾生、壽者」四相的邪見、引導眾生進入見性第一義住之知見「正信、正解、正見、正知」、而悟「無生法忍」。故云：知見不生。

須菩提！若人言：佛說我見、人見、眾生見、壽者見。須菩提！於意云何？是人解我所說義不？

須菩提！末法世時、如果有人見此金剛般若波羅蜜經真實義而譭謗說：「釋迦牟尼佛所說的都是我相的邪見、人相的邪見、眾生相的邪見、壽者相的邪見」。須菩提！你認為如何？說這種話的人了解我釋迦牟尼佛所說的真實妙義嗎？

- 我相、人相、眾生相、壽者相：詳見書後註解。

不也！世尊！是人不解如來所說義。何以故？世尊說我見人見眾生見壽者見、即非我見人見眾生見壽者見、是名我見人見眾生見壽者見。

須菩提回答說：不是啊！世尊！說那種話的人、根本就是不了解釋迦如來所說的真實妙義！這是什麼緣故呢？釋迦如來世尊所說的是「我相的知見、人相的知見、眾生相的知見、壽者相的知見」；並不是「我相的邪見、人相的邪見、眾生相的邪見、壽者相的邪見」；譭謗「如來佛語」的人、就是自己充滿了「我相的邪見、人相的邪見、眾生相的邪見、壽者相的邪見」。才會將如來世尊教諸菩薩的「正知正見」見性的正法眼加以譭謗、誣謗如來世尊所說的見性第一義住是「我人眾生壽者」諸相的邪見。

須菩提！發阿耨多羅三藐三菩提心者、於一切法、應如是知、如是見、如是信解、不生法相。須菩提！所言法相者、如來說即「非法相」、是名法相。

須求無上菩提的佛子們！凡是自己志求「如來無上正智正等正覺、自覺覺他覺行」發「無上菩提心」的人、於我如來世尊演說如來第一義住之前、所說「八萬四千一切法」、應依照這一部金剛般若波羅蜜經真實義的「正知正見」、生起大信、深解實義、不生「法執」、不可「未證謂證、未得謂得」、生「增上慢」、自毀慧命、自毀前程。

應依如來最後垂範、以四智菩提、行六波羅蜜、入佛知見、深信直行、深解實義、了悟「空身、空心、空性、空法」之真空實性。見性而有「正知、正見、正信、正解、正義」故、不生法執、圓明本心。

須菩提！所謂於「八萬四千法」執持不捨、未證謂「證」、未得謂「得」、生增上慢的「法相」；我如來世尊在此明說、那就是執著於「我人眾生壽者」、迷於見思生死無明諸惑、離見性佛道、斷如來一切種智的「非法相」；所以才將執迷於八萬四千小法及外道之類的法執叫做「法相」。

- 法相就是「於法著相、起傲慢心」。
- 我人眾生壽者、見思、生死、無明諸惑：詳見書後註解。

應化非真分第三十二

世尊再三讚歎能見性金剛觀照的「真善知識、大法師」及一切正心深信佛語的信眾。並慰勉法師為人演說「見性第一義」勿生厭煩、以不懷希望而為說法；若遇惡知識來責難時、心無取相、如如不動、知「無生忍」則一切責難皆無礙無著。故云：

應化非真。

須菩提！若有人以滿無量阿僧祇世界七寶、持用布施。若有善男子善女人、發菩提心者、持於此經、乃至四句偈等、受持讀誦、為人演說、其福勝彼。云何為人演說？不取於相、如如不動。

須求無上菩提的佛子們啊！如果有人將自己所有的財產

「黃金、白銀、琉璃、琥珀、珊瑚、瑪瑙、翡翠」等七寶、聚成無量無可計數的星球、那麼多的數量、拿來施捨救濟貧窮的人。

若另有人、於我如來世尊取涅槃後、若有俗家善男子、俗家善女人、自發志求「自覺、覺他、覺行」發「無上道心」、深入了解這一部金剛般若波羅蜜經中如來深義。甚至將經中四念處的「四句偈」一切真實義、領納於心、憶念不忘、研解實義、口誦此經、並能廣為人演說金剛經與四句偈的真實義者、其人所得福德、勝彼以無量七寶布施者。

「末法世」的法師、要用什麼方法、向一切眾生演說金剛般若波羅蜜經真實義、以及我如來世尊再為授記的如來第一義住佛說觀無量壽佛四十八願無量義禪經真實相真實義呢？末法之世、代「我如來世尊」演說「第一義」的法師、當以無緣大慈、同體大悲、不取於「相」、不懷希望而為說法。若遇諸難問、以「第一義諦」作答、心無取相、如如不動！若遇譭謗、不取於相、如如不動！於人間的「名、利、供養」亦不取相、不懷絲毫希望。

• 四念處、四句偈：詳見書後註解。

何以故？

這是什麼緣故呢？因為「末法世」的一切眾生、雖有修行、畢竟未聞第一義住無上妙法、忽有所聞、必生疑忌、不肯供養又來責難。法師應無取相、安住無生法忍如如不動！我如來世尊以「四句偈」授勉之：

一切有為法、如夢幻泡影、如露亦如電、應作如是觀。

一切由於「人體六根作為而有」的事物與自性之外的修行、都叫做「有為法」。

眾生應捨一切「有為之法」。「八萬四千法門」只是我如來世尊權宜引度眾生「暫設」的「有為法」、若執取不捨、一切的修行皆只「如夢、如幻、如水泡、如影子」皆是無常、不能成就「佛果」！

行於一切「有為法」的結果、如「露」遇烈日、亦如閃電光、瞬間即消失。一切榮華富貴、一切五種神通、命終時至、誰人帶得去？

此偈之心法、能摧伏「一切慾、一切魔障」、能摧破「一切相、一切惑、一切無明」、佛子們應將此偈、領納於心、憶念不忘、教諸眾生、如教修行、方可成就「如來一切種智」、超三界生老病死海、到「佛彼岸」；即是以四智菩提深觀如來四十八願淨業所成極樂世界。極樂世界即是如來法界性、亦名如來大智慧海、亦名如來法性。

• 頌云：如來法性智無窮、妙在其中觀細微、細微深處即是空、空中藏萬象；如來如去（無來無去）、無所不在、無所住在、圓明普照、超凡入聖！

佛說是經已、長老須菩提、及諸比丘、比丘尼、優婆塞、優婆夷、一切世間、天、人、阿修羅、聞佛所說、皆大歡喜、信受奉行。

大般若經第五百七十七卷·金剛般若波羅蜜經（終）

摩訶般若波羅蜜多心經・第一義正解

山海慧法師 註解

前言

般若心經乃大圓鏡智的真功夫、不是如一般沒修禪觀入於大定的人、所說的物質變能量、能量變物質之說。願真修行的菩薩、見此註解、個個心開悟解、見性明心、直了成佛。

講到見性明心、直了成佛。很多人會問：究竟是「見性明心」才對、或者「明心見性」才對？我答：這兩個都是佛說、兩個都對、惟次第不同。「明心見性」是說一般凡夫須先明白「四智菩提心」、才能見性。「見性明心」是說「見性」功深後、才能「明心」證「無生法忍」、究竟「無生忍」而成佛。所以、沒有哪一個對的問題。你若能見性、則明心可望、你若只修嘴皮功夫、不管你是〇〇大師、〇〇上人、地藏菩薩總會在地獄等著你的到來、那時悔之已晚矣！

我山海慧講般若心經已很多次、每次說的層次皆不同、但道理一樣。前所說為引凡夫入佛道、中所說為引入中乘、今所說是為大菩薩說也。一般凡夫不能識而言「怪」！何怪之有、沒入道者與說大菩薩道、那才怪呢！

山海慧　于西元二〇二〇年　五月　二十三日書於農舍

摩訶般若波羅蜜多心經

此經是佛說修行「見性」入於「大圓鏡智」、究竟成佛的事、非一般凡夫所知識也。

- 摩訶：廣大無量無邊、無內無外無中間。
- 般若：無礙大智慧。
- 波羅蜜：到佛彼岸、又謂證大果。
- 多：無量義。極樂世界中的無量妙色、無量妙事、無量無邊、故說「多」。
- 心：靈敏的潛意識。
- 經：豎窮三際時、橫徧十方處、不移不易之真理。

觀自在菩薩、行深般若波羅蜜多時、照見五蘊皆空、度一切苦厄。

修行如來第一義見性正法眼藏佛說觀無量壽佛四十八願無量義禪經（以下簡稱觀無量壽佛經）、從「成所作智」、入「妙觀察智」、入「平等性智」、究竟入于「大圓鏡智」、而得自在無礙、並能自利、利他、覺有情之行者、即是觀自在菩薩。

修行「見性」、深入「無礙大智到佛彼岸無量義」之時、以「潛意識」照見極樂世界無量妙色、見性當中的色受想行識、皆入般若真空而無礙。因見性而得明心、永斷六道生死、度脫一切生老病死、愛別離、求不得、怨憎會、五陰盛苦。

- 菩薩：能自利、利他、覺有情之行者、謂之菩薩。
- 照見：謂以潛意識「照見」、不是用眼睛（肉眼）看見。

● 空：即具足萬有而「無礙」。

● 四智菩提：即成所作智、妙觀察智、平等性智、大圓鏡智。

(一)成所作智：謂以六根所知識、模擬轉念、以思惟憶念諦觀如來極樂世界中一切無量善法、轉識成佛智也、此即極樂四土中的「凡聖同居土」、以此增進而成就天眼也。

(二)妙觀察智：謂既能麤見如來智慧所成極樂世界、更應增進「微觀細審」、十方法界無不周至、雖已能乘佛方便、尚須心遊十方、始能細觀諦審、不能同時照見盡知故、名為「方便有餘土」、以此增進而成就法眼也。

(三)平等性智：謂既能以天眼法眼照見如來法界性(極樂世界中的一切佛智慧功德)、日久功深、便能行於「中道」、能一時照見極樂世界中無量佛智功德、歷歷在目、了了在心、條條分明、一心無量用而不亂、具足照了、是名「圓滿實報土」、以此增進而成就清淨慧眼也。

(四)大圓鏡智：謂行者能一心無心、圓明普照極樂世界無量妙事、了了在心、歷歷在目、條條分明、具足照了、一心無量用而清淨自在、久視不散入于大定、是名「常寂光淨土」、以此增進、而成就佛眼、如來不生不滅金剛不壞清淨法身、便於此中出。

此「四智菩提」、即是所謂「極樂四土」、非是一般未見性凡夫所能悟知也、今在此道破、惟願見聞者、悉發菩提心、同證法身、同生極樂。

舍利子！色不異空、空不異色、色即是空、空即是色、受想行識亦復如是。

佛祖呼喚一切未證「無生法忍」的菩薩！見性中所見極樂世界（觀無量壽佛經中）一切無量妙色、如實深觀、即入無我、無人、無眾生、無壽者、無一切相的「寂靜真空」。空即具足萬有而「無礙」也。

寂靜真空、即是依觀無量壽佛經見性、從第一觀到第十三觀裡、一切具足萬有而無礙的無量妙色。見性中觀無量壽佛經第一觀至第十三觀裡、一切具足萬有而無礙的無量妙色、即是寂靜真空。寂靜真空、即是見性中觀無量壽佛經裡具足萬有而無礙的無量妙色。

在寂靜無為的禪定中、極樂世界中的一切「感受」、一切「思惟」、一切「行動」、一切「識別」、亦全部入于真空實相之中。

舍利子！是諸法「空相」、不生、不滅、不垢、不淨、不增、不減。

世尊呼喚尚未成就「無生法忍」的行者！觀無量壽佛經中的萬法（無量義）、皆入于禪定的真空「實相」、一切萬法以「空相」為本。

禪觀寂靜真空之中、極樂世界萬事萬物永恆存在、不生亦不滅；行者在禪觀寂靜真空之中、乘佛大智慧海願力、妄念不生、正念不滅、自心寂靜安處吉祥。

禪觀寂靜真空之中、極樂世界萬事萬物大光明相、不垢亦不淨；行者在禪觀寂靜真空之中、乘佛大智慧海願力、空相之中無善念亦無惡念、無煩惱的垢穢亦無清淨之念、自心寂靜安處吉祥。

禪觀寂靜真空之中、極樂世界萬事萬物不增亦不減；行者在禪觀寂靜真空之中、乘佛大智慧海願力、自然妙有極樂世界一切實相、當達到極樂世界萬事萬物不增不減、久視不散、具足圓滿顯現而無所障礙時、即是六祖所謂：「不增不減自金剛」、即自心有如鑽石般、不再為任何無明煩惱所侵入。

• 世尊於無量義經云：「實相」者即「無相」也、如是無相、無相不相、不相無相、是名「實相」。

• 「空相」即是寂靜真空中、自然妙有極樂世界一切「實相」、在無量相之中、心無掛礙一切相、不為一切相所牽絆。

是故空中、無色、無受、想、行、識。無眼、耳、鼻、舌、身、意。無色、聲、香、味、觸、法。

「見性」是以「潛意識」進行、所以「禪觀寂靜真空之中」、無肉眼所見之色、亦無肉體之感受、思惟、行動、識別。無肉體之眼見、耳聽、鼻嗅、舌嚐、身觸、意識。無肉眼見色、無肉耳聽聞、無肉鼻聞香臭、無肉舌辨味、無肉身觸物、無凡夫意識之衍生。

無眼界乃至無意識界、無無明、亦無無明盡、乃至無老死、亦無老死盡、無苦集滅道、無智亦無得、以「無所」「得」故！

修行觀無量壽佛經的無為禪觀、在真空寂靜之中、無眼界（眼界：太遠無邊際不能見、太近無距離不能見、後面不能見、裡面不能見、太明不能見、太暗不能見、隔物不能見、見前不見後、見左不見右等）；無眼識（眼識：能辨諸色。沒學過者、見而不能識）；無眼識界（眼識界：不能徧見一切物及見識一切物也）。

無耳界、無耳識、無耳識界；

無鼻界、無鼻識、無鼻識界；

無舌界、無舌識、無舌識界；

無身界、無身識、無身識界；

無意界、無意識、無意識界。

在禪觀寂靜真空之中、無貪瞋癡（無明也）、亦無貪瞋癡滅盡、卻能永斷貪瞋癡。

在禪觀寂靜真空之中、無十二因緣法之事、亦無十二因緣法之滅盡、卻能永斷六道輪迴。

在禪觀寂靜真空之中、無苦諦、集諦、滅諦、道諦、卻能成就無上道果。

在禪觀寂靜真空之中、無智識的產生、亦無任何心得智慧的現象、卻能具足如來十力、三明六通、佛一切種智。因為在禪觀寂靜真空之中、依觀無量壽佛經見性、入于大圓鏡智（無所）、即是無生法忍之故。

頌云：如來法性智無窮、妙在其中觀細微、細微深處即是空、空中藏萬象；如來如去（無來無去）、無所不在、無所住在、圓明普照、超凡入聖！

• 眼界、眼識、眼識界、耳界、耳識、耳識界、鼻界、鼻識、鼻識界、舌界、舌識、舌識界、身界、身識、身識界、意界、意識、意識界：詳見書後註解（十八界分）。

• 十二因緣法：即是三世因果。即「無明」緣行、行緣識、識緣名色、名色緣六入、六入緣觸、觸緣受、受緣愛、愛緣取、取緣有、有緣生、生緣「老死」悲憂苦惱。

●「無所」：即是虛空藏處；依觀無量壽佛經見性、入于大圓鏡智即是虛空藏處；佛之法界性也；四十八願無量義也。

●「得」：即是無生法忍也。

菩提薩埵、依般若波羅蜜多故、心無罣礙、無罣礙故、無有恐怖、遠離顛倒夢想、究竟涅槃。

成就無上大道的菩薩、皆依「無礙大智到佛彼岸無量義」真空實相修行的緣故。在無量義寂靜真空之中、妙觀極樂世界、對極樂世界萬事萬物皆無所牽絆。寂靜真空之中、妙觀極樂世界、其中皆無任何恐怖的事。在無量義禪觀真空寂靜之中、沒有任何顛倒夢想。修行的人、最怕的就是顛倒夢想（進入夢鄉而顛倒作夢、以為是入於禪定）。能遠離顛倒夢想、在無量義禪觀禪定中、徹底不生不滅。

● 菩提薩埵：菩提即是無上大道。此乃佛言成就無上大道的菩薩。

三世諸佛依般若波羅蜜多、故得阿耨多羅三藐三菩提、故知般若波羅蜜多。

過去世、現在世、未來世、一切諸佛、皆依循「無礙大智到佛彼岸無量義」修行、所以能得成「無上正智正等正覺」；所以三世一切諸佛、皆知此「無礙大智到佛彼岸無量義（第一義諦）」正法眼藏。因此、三世一切諸佛、皆依此正法眼藏、入世修行教化、濟度眾生。

● 阿：即是廣大無邊、無內無外無中間、謂之大。

● 耨多羅：即是如來無量義（又名第一義）見性之正法眼藏。

● 三藐：謂戒、定、慧等具足也。即是持戒具足、布施具足、忍辱具足、精進具足、禪定具足、智慧具足。六波羅蜜具足謂之三藐。

● 三菩提：自證「無生法忍」、名為「自覺菩提」。自覺覺他、不擇冤親、平等濟度、名為「覺他菩提」。大慈大悲、生生世世、入世濟度眾生、為「覺行菩提」。能如上所作、即名三菩提。

● 現今一群又一群的人乘佛教徒、皆只修行在嘴皮功夫、都沒有修行在自性的「無生法忍」。佛在法華經妙音菩薩品中云：此閻浮提人、經百千萬億無量阿僧祇劫、終究會成佛。那是佛在說：這個世界上、雖有儒、道、釋、耶、回五大正教在教化、但在百千萬億無量阿僧祇劫裡面、眾生只修嘴皮功夫、只求平安富貴、寄望死後佛力接引往生西天、這樣的眾生遍滿天下、因此雖然經過無量無邊阿僧祇劫、也不能成佛。見此解釋、應速醒悟。

是大神咒、是大明咒、是無上咒、是無等等咒。能除一切苦、真實不虛、故說般若波羅蜜多咒。

以下要宣說的神咒是宇宙至尊主宰真神、無量無邊法身、無上威德的第一義密持陀羅尼；是宇宙至尊主宰真神、無量壽無量光毗盧遮那（英語：火遮那）的第一義密持陀羅尼；是宇宙至尊主宰真神、無漏解脫的第一義密持陀羅尼；是宇宙至尊主宰真神、無上正智正等正覺、自覺、覺他、覺行圓滿菩提的第一義密持陀羅尼。

神咒護持諸修第一義的行者、淨除三界生死無明、速入三摩地、超越五濁、五陰淨盡、證得無漏解脫的第一義密持陀羅尼；神咒護持諸修大乘第一義的行者、入如來虛空藏處、成就如來慧命法身、永證大般涅槃、永除分段、變異二種生死之苦、如來是真語者、實語者、不虛語者。以有前述無量無邊功德力故、說此陀羅尼名為：無礙大智慧到佛彼岸無量義（第一義）陀羅尼。

即說咒曰：「揭諦。揭諦。波羅揭諦。波羅僧揭諦。菩提。娑婆訶。」

釋迦牟尼佛如來世尊、當下宣說第一義密持陀羅尼：「揭諦。揭諦。波羅揭諦。波羅僧揭諦。菩提。娑婆訶。」

此乃如來世尊在教修行如來第一義諦的行者、召喚四大揭諦神金剛密跡等大神、來保護修行無上大道的行者、為其破除一切災障、速成無上菩提的陀羅尼。

摩訶般若波羅蜜多心經（終）

書後註解

七種慢：

(一)慢慢：同類相似法中、執我所解相似。例如同是解說金剛經、已知別人所解勝我、但執著爭強、謂我所解、與他相似。

(二)過慢：同類相似法中、執我所解為勝。謂他人所解、僅有糟粕、而無內容。

(三)慢過慢：見他所解、本勝於我、強執我所解、定勝於他。

(四)我慢：倚恃己之少分所能、而欺凌於他、譭謗於他、謂他所說、非佛「法」「理」。

(五)增上慢：我實未得見性第一義之法、自謂已得。我實未證明心第一義之理、自謂已證。

(六)卑劣慢：我僅有下劣而少分之能、反自矜誇、謂以他多分之能亦不及於我。

(七)邪慢：我實無德無能、妄偽為「大德」、自謂大師、上師、執著邪見、不禮塔廟、不敬三寶、謗如來正法。

● 七種慢、因著「相」迷「惑」所生。

四念處：

㈠ 先觀身不淨、不戀自他色身、不求名利享受、名悟身空。

㈡ 復觀受是苦（只要你有感受都是苦、令一切隨緣來、隨緣去、不要去感受它）、令吾真心（觀照如來法界性的心）、常覺不昧（永恆的在如來覺性當中、不愚昧污染）、不隨妄想流轉、但依真性主（如來見性正法眼藏）而行、名悟心空。

㈢ 以觀心無常故（我們的心是一直生滅不停的）、復「觀自性」（以四智菩提心觀如來法界性）、寂然不動（妄想心寂然不動）、感而遂通（無量妙色、心想就現出來）、威靈莫測（非常厲害）、明明了了（確實清清楚楚）、自覺自知（自己能夠感覺、自己能夠知道）、靈靈寂寂（非常厲害、妄想心寂然不動）、無為常為（觀照如來法界性、永恆的做下去）、名悟性空。

(四) 以觀法無我故、復觀如來所說經法、皆是方便引導法門、如水洗塵、如病與藥、令證心空法了(入於大圓鏡智、無量妙色自然就有、這時法也要放下)、病退藥除(不能再續用成所作智、妙觀察智來觀想)、名悟法空。

虛妄四種相：

(一) 身不空：謂貪「色、聲、香、味、觸、財、寶、食、睡、享受」與「妄為」等。

(二) 心不空：謂貪「名、聞、利、養、憤高、傲慢、計斷、計有、計無、計常、妄想、分別、嫉妒、執著」等。

(三) 性不空：謂執著八萬四千法、得些許靈通感應、便生狂傲、自謂已得無上正果；於見性佛道、不能信受究了。

（四）法不空：謂執八萬四千法、皆是佛說、一一法皆可究竟成佛、以此執著留礙、不行見性第一義諦也。其人雖於八萬四千法中暫得五神通（眼通、耳通、他心通、宿命通、神足通）、暫時受用、一旦無常臨到、五通敵不過業力、難免再入輪迴。世尊於大乘金剛經論（又名大乘金剛心總持論）曰：一失人身、萬劫不復！

金剛經中四句偈・真實義

山海慧註於西元二〇〇九年五月二十七日

金剛經中所說的四句偈、乃是大乘金剛經論（又名大乘金剛心總持論）中的四念處。此四念處的四句偈、是釋迦如來世尊教諸眾生見性成佛的無上心法。世尊示現涅槃後、除佛直系三十三代祖師（至摩訶惠能大師）之外、一切佛門弟子、雖有修行、皆無餘人能知能行。何以故？見性不實故！

(一) 以觀身不淨故、悟空身。不為身智所惑、破十八界分、真性圓融、普照如來法性。以此不空之佛智、轉眼耳鼻舌身五識、為如來佛智、即名：成所作智。成就不為十八界分所惑、無所不見的如來天眼。

(二) 以觀受是苦故、悟空心。令吾真心、常覺不昧、不隨妄想流轉、但依真性主行（謂：循如來法性無量梵行見自本性）。以此不即（不染著留礙）之佛性、成就徧觀如來法界性一切諸法、一一細觀諦審的妙觀察智。法性不空不即、細觀諦審、能知能行、而證如來菩提大道的如來法眼。

（三）以觀心無常故、悟空性。恆觀自性、寂然不動、如來法性中、無量事物、感而遂通、隨心化現、恣意化形、捨離諸著、滅諸異象、威靈莫測、清清淨淨、中道自然、平等顯見、圓滿具足、明明了了、自覺自知。循此空性之平等性智、靈靈寂寂、無為常為、而證得如來慧眼。

（四）以觀法無我故、悟空法。復觀如來所說經法、皆是方便引導法門、如水洗塵、如病與藥、依真性主、循中道智、無念而念、圓明普照無量法界、無量眾生、無始劫前、無終劫後、一切事物因果、如對目睹、毫毛不失。此不離之佛性、成就大圓鏡智。以觀十二因緣故、證如來十力、得正偏知、心空法了、病退藥除。名：悟空法。證大圓鏡智故、無事不見、無物不見、無心不知、無事不聞、無聲不聽、無意不達、而證得：無所思惟、一切徧見徧知的如來佛眼。

• 十八界分：詳見書後註解。

• 真性主：即是自心循佛四十八願願力、起四智菩提諦觀如來法界性、於見性之中、具足「一真如佛性、雙三昧、三身佛、四智菩提、五眼同觀、六波羅蜜、七寶如來、八正道、六通三明、如來十力」而證悟「無生法忍」、究竟「無生忍」。是名「依真性主行」、亦名「布施波羅蜜」。由此布施波羅蜜而得六波羅蜜具足、故曰「真性主」。

我相：認自身四大是我、貪生怕死（貪欲、瞋恨、愚癡不停湧生、名「貪生」。畏懼無漏解脫、名「怕死」）、名：有我相；驕傲、我慢、我執、我見、貪、瞋、嫉妒等、即是我相。因有我相、而生一切「見思、生死、無明」諸惑。

無我相：知身是幻、悟世無常、不惜身命、況復資財、但學大乘、佛之教法、名：無我相；依佛之見性大乘教法、入佛大智慧海、令十八界分通達圓融、旋元歸一真如、即無我相。

人相：心存憎愛、意不均平、名：有人相；分別對立執著、分別為「他」、於眼耳鼻舌身、迷於男相 女相、之色聲香味觸等、即是人相。

無人相：等觀眾生、皆如赤子、不擇冤親、平等濟度。以佛四智、循佛四十八願見性、入佛慧海、圓明真心、名：無人相。

眾生相：念念常隨世心流轉、不求解脫、名：有眾生相；以我相人相之惑、而於如來第一義諦、計斷、計有、計無、而生邪見、起雜亂心、即是有眾生相。

• 計斷：謂觀如來見性一切諸法、斷滅不實、而不信受如來第一義見性中道實相。

• 計有：謂修行者、誤將三界二十五有、一切「有為」的修行（例如：朝山、拜懺、誦經、唱讚、持名、唸咒、書符、結壇作法…等八萬四千法）、計（認為）是「真實究竟」、而不志求於佛道大般涅槃。

• 計無：謂不信「自身」、及「一切眾生」皆有「佛性」、不信見性「能以凡夫之身」修成佛道佛果、而斷滅「佛性、一切種智」。

無眾生相：於世間心、一了永了、更不相續、名：無眾生相；於如來第一義諦、見性佛道、以一清淨質直真心、令法性具足平等顯見、徧滿法界、無染著留礙、即無眾生相。

壽者相：心識不忘、業種常萌、不悟無生真空實性、常隨心境意識流動、染著六塵七情三毒、於十八界分追逐不捨、習以為常、迷而不返名：有壽者相；於自心中有計常之邪見者、即是有壽者相。

• 計常：謂觀三界、六道二十五有、由因果業力所成就、一切受身、應報諸行、為常住（謂殊勝永恒也）之法、而不求出離。例如：求人間富貴、或求生天界為「神」、為「天王」等。

無壽者相：明悟自己、無生實性、不隨心境意識流動、但依方便、願力行持、名：無壽者相；於見性第一義諦、以清淨質直、明悟自心之無生實性、不隨心境意識流動、但依如來願力行持、即無壽者相。

- 見思、生死、無明諸惑：詳見書後註解。
- 十八界分：詳見書後註解。

見惑：意根對法塵、非理籌度、起諸邪見、如外道的「計斷、計有、計無、計常」而生「我、人、眾生、壽者」諸相、以邪妄而違真如、故名：見惑。

- 法塵：即是六塵、謂對男女色身的色聲香味觸、從內心起貪愛也。
- 計斷：謂觀如來見性一切諸法、斷滅不實、而不信受如來第一義見性中道實相。
- 計有：謂修行者、誤將三界二十五有、一切「有為」的修行。（例如：朝山、拜懺、誦經、唱讚、持名、唸咒、書符、結壇作法…等八萬四千法）、計（認為）是「真實究竟」、而不志求於佛道大般涅槃。
- 計無：謂不信「自身」、及「一切眾生」皆有「佛性」、不信見性「能以凡夫之身」修成佛道佛果、而斷滅「佛性、一切種智」。

● 計常：謂觀三界、六道二十五有、由因果業力所成就、一切受身、應報諸行、為常住（謂殊勝永恒也）之法、而不求出離。例如：求人間富貴、或求生天界為「神」、為「天王」等。

思惑：眼耳鼻舌身、五根之性、不旋元歸一真如、而對色聲香味觸五塵起貪愛染著、以妄為真、於法界性起十八界分、迷而不覺、淪墮三界生死、故名：思惑。五根對五塵不再起貪著、即是思惑盡。

見思惑：即意根對法塵（色聲香味觸法等塵）起諸邪見、起諸貪著愛染、起貪瞋癡。於自他佛性「計斷、計有、計無」；於三界六道起「計常」邪見、以虛妄而違真如、致淪墮六道、不能出離。名為：見思惑。例如外道之「我、人、眾生、壽者」之惑也。見性之中無「見思、生死、無明」之惑。是以、見性是為斷惑證真之不二法門。

生死惑：謂於「見、思」二惑、迷而不覺、起貪瞋癡、以妄為真、造塵沙業、致淪三界無量次生死、改頭換面、身有大小、形骸各異、壽有長短、隨業報力、不能自主、漏落三界、受諸有身、為人分段生死、諸天變異生死、自心執我、生滅不已、迷而不覺、名：生死惑。

• 分段生死：謂人由受胎而生、由生而老、由生而病、由病而死、或其他外力因素而死。故曰：為人分段生死。

• 變異生死：謂諸天雖在天界為神、實是僅在人間、受人香煙的供桌上金身附生；倘若金身被另一個金身替換、雖然金身偶像是同一神之名、而附於前個金身的天神、即會死掉、入于六道輪迴、故曰：諸天變異生死。

無明惑：無明者「貪瞋癡」是也。眾生於如來第一義諦「見性中道實相」之理、無所明了、生諸邪見、非理籌度、於自性中起貪瞋癡、以妄為真、故曰「無明」。此惑乃「思惑」中的「癡惑」、乃「業識種子、煩惱根本」依於「眾生妄心、違於真如」而起、見計顛倒、起貪瞋癡、廣造諸業、致流轉生死而不自覺、故曰：「無明惑」。

• 十八界分：詳見書後註解。

我惑：十八界分之「執我、身智」是也。

人惑：十八界分之「對立」、「分別」之惑。

眾生惑：十八界分之「生彼、死此」生滅、對立、層出不窮之惑。

壽者惑：於十八界分、起「執我、分別、對立、生生滅滅」惑而不知、迷而不覺、習以為常之惑也。名：見思惑。

• 十八界分：詳見書後註解。

十八界分：

六根對六塵與六識、產生「色、質、遠、近、前、後、左、右、上、下、內、外、明、暗、虛、實、晝、夜」之我執是也。十八界分即「我執、我相、我所、身智」是也。謂執著於「顏色、物質、遠方、近處、在前、在後、在左、在右、在上、在下、內裡、外表、執明、執暗、執虛、執實、執晝、執夜」而起分別、生妄想也。

● 此十八界分即是顯楞嚴經中十八界的真實義、佛性在先天、具足十八項功能而為一、一旦貪瞋癡、即成十八界分、個別使用、不得圓融；世尊於末法今時示真實相、顯真實義、若有人能深信不疑、尋真明師、如法見性修行、即得返本歸真、證道成佛。

● 心經：「無眼界乃至無意識界」、即是修行觀無量壽佛經的無為禪觀、在真空寂靜中、無眼界（無十八界分的眼界）、無眼識（無眼識別的障礙）、無眼識界（無肉眼見物、視物辨別的障礙）。無耳界、無耳識、無耳識界。無鼻界、無鼻識、無鼻識界。無舌界、無舌識、無舌識界。無身界、無身識、無身識界。無意界、無意識、無意識界。

眼界：太遠（無邊際）不能見、太近（無距離）不能見、後面不能見、裡面不能見、太明不能見、太暗不能見、隔物不能見、見前不見後、見左不見右等。

眼識：能辨諸色。沒學過者、見而不能識。

眼識界：不能偏見一切物及見識一切物也。

耳界：太遠不能聽、小聲不能聽、秘密聲不能聽。

耳識：聽而能知。哭聲、笑聲、歌聲、大小聲等。

耳識界：在很多聲中不能辨何物、何方。鬼神畜類之聲、不知其說何事物也。

鼻界：太遠聞不見、隔物聞不見。

鼻識：能辨酸、辣、腐敗、香、臭也。

鼻識界：不能辨眾多味中之味、出于何處、何物也。

舌界：能言語、大小聲、辨味等。

舌識：能辨知酸、甜、苦、辣、鹹、淡、腐之味。

舌識界：不能同時嚐一切物而辨味也。

身界：生存時、身體不能轉換也。

身識：能知痛癢、饑飽、寒熱溫涼。

身識界：不能知種種身之喜惡、及轉化種種身也。

意界：意不能達一切思惟也。

意識：能思惟及轉念也。

意識界：不能轉念思惟而知一切事物也。

以上皆是眼、耳、鼻、舌、身、意的十八界分。是一切修行者、最難了解、最難破除的障礙。惟有在觀無量壽佛經的禪定中才能破、能破此六根的十八界分、即是佛所謂十八阿羅漢。

十二部經：

大乘三藏十二部經：華嚴、阿含、維摩詰、淨名、寶積、楞伽、楞嚴、大般若、摩訶般若波羅蜜（大智度）、法華、彌陀淨土、大般涅槃。

• 楞：心因—四念處↓清淨質直。

• 嚴：心功—四智菩提↓無生法忍。

十二部經法：

世尊演說經典的十二種技術、又名「十二分經」、出自「大智度經」即「摩訶般若波羅蜜經」。

一、修多羅（契經）：「契」謂上契諸佛之理、下契眾生之機。「經」謂豎窮三際時、橫遍十方處、永恆不變易之真理。

二、祇夜（應頌。又名：重頌）：謂佛先說一段很長的經語、其後又欲重宣此義、再用二句、四句、六句之偈語而為宣說、是也。

三、伽陀（諷頌）：謂佛不先說一段長文、而以六句至數十句之偈語直說經法；例如：楞伽經等、是也。

四、尼陀羅（因緣）：

(一)謂佛講經時、有人問故、佛因而為說所問之事。

(二)如具足戒本只設「八正道」而已、佛見弟子中有人多犯戒、世尊以此因緣設下數百條之「具足戒」是也。

(三)謂佛說根本緣起之事。例如：觀無量壽佛經係因阿闍世叛逆、欲殺父奪位、又欲害其母、以是因緣、世尊入王舍城禁宮、因為韋提希再三懇請、而說出「法華教外別傳的第一義諦、觀無量壽佛經」！

五、伊帝目多（本事）：謂世尊說諸菩薩諸大弟子等因地（前世）因修諸苦行、求菩提道、是故今世才能幸聞菩提道、證菩提果、等事之故事也。

六、闍多伽（本生）：謂世尊自說、前無量劫中應現二十五有身修行之事。例如：世尊說曾「作鹿、作龍、作金翅鳥、作轉輪聖王、作忍辱仙人」之類。

七、阿浮達磨（未曾有、亦云希有）：

(一)謂佛初生時、從母脇下出等一切未曾有之瑞相。

(二)謂佛說無上大乘經典之前、佛身所現大光明一切瑞相。

(三)佛預言末法世遣阿難入世著作如來正法眼藏有十種不可思議功德等事（見法華三經之無量義經）。

八、婆陀（阿波陀那）即華言（譬喻）是也：謂世尊說法時知眾生智慧未開、常假譬喻、以使弟子曉悟言中之義。例如：法華經中的譬喻品、藥草喻品、化城喻品。又如：以「火宅」譬喻眾生之身。以「三界」譬喻眾生的貪瞋癡。以「三車」譬喻三乘法教。以求出離二十五有眾生生死之身、譬喻為「出家」。以永斷情愛煩惱、譬喻為「剃除鬚髮」。以修戒定慧、證六波羅蜜、譬喻為「飲羊乳三斗六升」。以「憶念四十八願」所化現的觀無量壽佛經（如來大智慧海）一切見性成佛的善法、譬喻為「念佛」……等、是也。

九、優婆提舍（論議）：謂諸大乘經中、世尊與諸菩薩、或諸菩薩互相辯論諸法之事。例如：法華經序品、文殊菩薩與阿逸多菩薩之論議。維摩詰經中維摩居士與諸比丘及文殊菩薩的論議。世尊取涅槃當日所說大般涅槃經中、世尊與諸菩薩的議論、及諸菩薩相互問答。金剛經中、世尊與須菩提的問答、等事也。

十、優陀那（自說）：謂如來以他心智、觀眾生學大乘之機緣已具、但眾弟子未聞大乘、智慧未開、無人能問如來無上大乘一大事因緣、當時無人請問、而佛自宣說。例如：阿彌陀經、無有緣起、如來為令眾生入佛願慧、而自告舍利弗。又如楞嚴經會上、不待阿難請問、而佛自宣說禪那五十種魔事、與見性五十五位真菩提路、令眾生遠離魔事、究竟進修而成佛道也。

十一、毘佛畧（大方廣）：無內無外、曰「大」。八正道之見性正法正理、曰「方」。包羅無量無數無邊而無礙無著、曰「廣」。如來為令眾生自悟自覺、而以十二部經法（十二種技術）

演說大乘諸經、其諸經之中、皆妙義廣大、偏十方、窮三際。故曰「大方廣」。

十二、和伽羅（授記）：謂佛於法華會上、授記諸弟子、阿難、羅睺羅、及末法世一切能修法華第一義諸弟子等、成佛四事也。

(一) 何世何時當成佛道、其劫之名與其國之名。

(二) 授與見性成佛的正法眼藏、令其自覺覺他。

(三) 勅封成佛的佛號及如來十號。

(四) 說成佛的果位、度化眾生之多寡、教化度化眾生時間之長短（幾劫）。

世尊當時以此十二部經法演說三乘諸經、眾生慧根未足、是故世尊於大乘經中云：如來智慧佛自知、唯我世尊能開示、聲聞億劫思佛智、盡其神力莫能測！

世尊當時只以十二部技術為眾生開權、而未曾顯實、是故世尊於取涅槃當日演說大般涅槃經、於其經中云：大乘經典是甘露、也是毒藥；上根之人、聞而能悟如來真實義、即是「甘露」；一般人等、著相修行、見如來大乘經典如入泥沼、越讀越迷惑、越陷越深、固執我見、難出生死、即是「毒藥」。

跋

若非往昔修福慧、於此正法不能聞。
已曾供養諸如來、則能歡喜信此事。
惡驕懈怠及邪見、難信如來微妙法、
譬如盲人恆處闇、不能開導於他路。
唯曾於佛植眾善、救世之行方能修、
聞已受持及書寫、讀誦讚演並供養、
如是一心求淨土、決定往生極樂國。
假使大火滿三千、乘佛威德悉能超。
如來深廣智慧海、唯佛與佛乃能知、
聲聞億劫思佛智、盡其神力莫能測、
如來功德佛自知、唯我世尊能開示、

法華授記山海慧、最後垂範眾當欽、
如來密藏眾難知、山海慧能顯實義。
有緣得遇實慶幸、莫起驕慢毀前程。
是故博聞諸智士、應信我教如實言、
妙法華經幸聽聞、應常憶佛而生喜、
受持廣度生死流、佛說此人真善友、
世尊作跋證此經、留與蒼生作證憑。

世尊留給人類最後的預言（西元一九九五年十二月）

壞劫即將至、災難遍地起、人禍并天災、瘟瘧天下靡、
為水糧能源、戰禍如浪比、造化滅人煙、地土皆危脆、
貳零玖捌期、哀鴻號天地、無依缺水糧、修羅為掌理、
人醜不如猿、互瞋害飢懼。如來示預知、眾生猶吾兒、
道傳無量義、聞受勤思修、即能了生死。見此心狐疑、
惡逆驕慢怠、邪見入魔棲、譭謗且觀望、悔時已遲遲。

金剛般若波羅蜜經・真實義 山海慧法師註於西元二〇〇九年四月

附：摩訶般若波羅蜜多心經・第一義正解 山海慧法師註於西元二〇二〇年

重新編輯排版於西元二〇二四年七月

台東、如來第一義見性道場諸弟子、恭印五百冊

道場連絡人：妙明師姊、電話：〇九六三一四八六九三

善男子善女人！「欲出生死」應皈依於如來世尊遺在人間的「真實僧寶」、恭敬啟請「前所未聞的大乘無上佛道」。見性明心、一世成佛、若不得「明師」指點、不能究竟也。

欲得不招無間罪、莫謗如來正法輪！

惟願悉發菩提心、同生世尊極樂國。

國家圖書館出版品預行編目(CIP)資料

金剛般若波羅蜜經.真實義 / 山海慧法師註解.
– 三版. -- 臺東縣東河鄉 : 黃同志, 2024.07
面 ; 公分
ISBN 978-626-01-2693-3(精裝)

1.CST: 般若部

221.44 113005247

金剛般若波羅蜜經·真實義

建議售價：600元

作者　山海慧法師 註解
出版　黃同志（山海慧法師）
台東縣東河鄉北源村美蘭1-1號
經銷代理　白象文化事業有限公司
401台中市東區和平街228巷44號（經銷部）
購書專線：(04) 2220-8589
傳真：(04) 2220-8505
印刷　宏國群業股份有限公司
版次　2024年七月三版一刷
ISBN　978-626-01-2693-3(精裝)